Nana Ansari

Die georgische Tafel

Mit 151 Rezepten

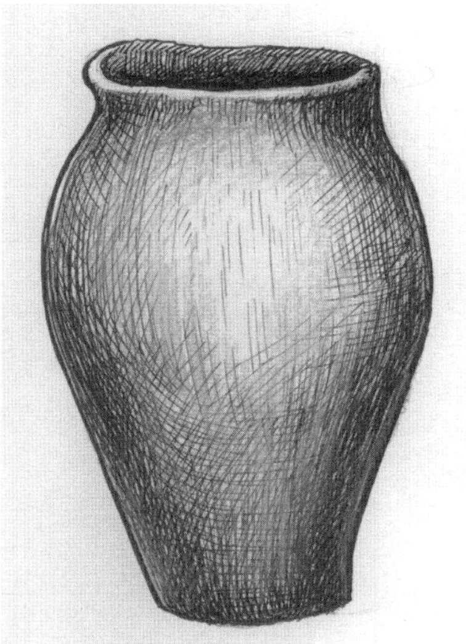

mandelbaum *verlag*

Bei folgenden Personen möchte ich mich für ihre Hilfe und ihre Ratschläge bedanken:

Nasser Ansari
Nino Morbedadse
Keti Okropiridse
Jujuna Rewia
Tamriko Sartschimelidse

Inhaltsverzeichnis

EINLEITUNG ... 7

GEORGISCHE TAFEL (SUPRA), ZEREMONIE DES WEINTRINKENS ... 10

REZEPTE

- Suppen ... 24
- Gemüsegerichte ... 38
- Salate ... 64
- Teiggerichte ... 76
- Beilagen ... 86
- Fisch ... 98
- Fleisch & Geflügel ... 114
- Süße Gerichte ... 150
- Eingelegtes Gemüse ... 170
- Saucen & Pasten ... 178
- Muraba ... 188

GEORGIEN

- Geografie, Landschaft ... 198
- Die Sprache ... 200
- Das georgische Alphabet ... 202
- Historische Übersicht ... 204
- Religion ... 208
- Kultur ... 209

NÜTZLICHES & WISSENSWERTES ... 217

GLOSSAR ... 219

REZEPTVERZEICHNIS ... 220

Einleitung

Vor einigen Jahren veranstalteten wir in Wien eine georgische Tafel, bei der rund 130 Gäste anwesend waren. Die Reaktionen waren überwältigend. Viele Freunde und Bekannte fragten damals – und bei jeder darauf folgenden Tafel – nach einer Rezeptsammlung. Ich wurde mehrfach ermuntert, ein Kochbuch über georgische Speisen zu schreiben.

Als Kind war es immer etwas Besonderes, wenn zu Hause alle Erwachsenen mit Vorbereitungen für ein Fest oder auch für den Sonntagstisch beschäftigt waren. Die Gerüche, die die tollen Speisen quer durch das Haus ankündigten, weckten meine Neugier. Die Sommer, die ich im Dorf verbrachte, wirkten auf mich faszinierend und anziehend zugleich und taten ein Übriges zu meiner Begeisterung – das Essen wurde in großen, aus Ton gefertigten Schüsseln und Töpfen auf offenem Feuer zubereitet. Diese Erlebnisse haben mich bleibend beeindruckt und geprägt.

Die Hilfe meiner Mutter beim Kochen und ein altes Kochbuch von T. P. Sulakwelidse (ein Geschenk meines Vaters) ergänzten und entwickelten meinen Zugang zu dieser vielfältigen Materie. Manche der Rezepte sind von unserer Familie bzw. aus alten Kochbüchern oder durch ein »Über-die-Schulter-Schauen« bei Freunden, ausgezeichneten Köchinnen/Köchen, und Verwandten übernommen.

Die Einführung in das kulturelle Umfeld des Essens in Georgien im Allgemeinen und der Tafel im Speziellen verfasste Zurab Kiknadze, ein in Georgien sehr bekannter Ethnologe und Bibelgelehrter, dem ich an dieser Stelle danken möchte. Er gibt einen tiefen Einblick in die Bereiche, die mit dem Ritual des Essens eng verbunden sind. Sein Eingangstext zur Tafel sowie seine Abrisse zu Geografie, Sprache, Alphabet, Geschichte und Kultur am Ende des Buches geben eine Möglichkeit, während des Kochens Interessantes und auch Eigentümliches über Georgien zu erfahren.

Nachdem für besondere Speisen georgische Wörter verwendet werden, sind sie in diesem Buch ins Deutsche transkribiert. Da es hier aber keine fixen Regeln gibt, habe ich bei der Verwendung georgischer Wörter in der transkribierten Fassung das Lautmalerische anzuwenden versucht. Eine Besonderheit ist der Verschlusslaut in der Mitte eines Wortes, der mit einem Apostroph dargestellt wird, beispielsweise bei »Mtsch'adi«. Auszusprechen ist das »a«, als würde das Wort mit »A« beginnen – im Deutschen wird (in stiller Übereinkunft) ein Verschlusslaut vor den Vokal gesetzt, wenn er am Anfang eines Wortes steht.

Wenn ein Wort mit »Kh« beginnt (z.B. Khatschap'uri) oder »kh« enthält, ist es wie »ch« in »Bach« oder »Buche« auszusprechen, zu vergleichen etwa mit dem schweizerischen Kehllaut für »ch«. In Wörtern mit »Gh« oder »gh«

(z.B. Ghomi) entspricht die Aussprache etwa dem norddeutschen »Tach« (Tag) oder auch der Aussprache des holländischen »g«. Alle anderen Transkriptionen spricht man so aus, wie es in der deutschen Lautschrift üblich ist.
Ein Kapitel, das hier nur gestreift werden konnte, aber eine zentrale Rolle rund um das Essen in Georgien spielt, ist der Wein.
Mit Wein fängt die Geschichte Georgiens an. Es gibt eine Legende, die berichtet, wie die Georgier ihr Land von Gott bekamen:
»Gott rief, als er die Welt erschaffen hatte, alle Völker zu sich, um ihnen ihren Platz auf der Erde zuzuweisen. Die Georgier hatten am Abend zuvor gefeiert und Wein getrunken und waren deshalb zu spät gekommen und Gott hatte schon alles Land verteilt, als sie endlich bei ihm eintrafen. Gott war anfangs erbost über die Verspätung der Georgier und beschloss, ihnen kein Land zu geben. Die Georgier aber ließen sich unverdrossen bei ihm nieder und begannen von neuem Musik zu machen und zu feiern. Gott fand Gefallen an diesen freundlichen und liebenswürdigen Menschen und es tat ihm leid, sie leer ausgehen zu lassen. So beschloss er, ihnen den Teil der Erde zu geben, den er für sich selbst aufgehoben hatte: seinen Garten. Die Georgier erhielten so den schönsten und fruchtbarsten Teil der Erde.«
Eine traditionelle georgische Tafel wird an einem großen, langen Tisch – und nicht auf voneinander separierten Tischen – gedeckt. Alle Getränke stehen zur freien Verfügung; Wein darf jedoch nur nach einem Toast des *Tamada* (Tischleiter) getrunken werden. Der Gastgeber einer Tafel demonstriert oft Großzügigkeit und Reichtum, auch wenn dies seine Mittel übersteigt. Die Speisen werden manchmal sogar übereinander gestapelt. *Khatschap'uri*, Variationen von *Pchali*, eingelegte Gemüse und frische Kräuter, kalte Variationen von Huhn und Fisch, verschiedene Salate, Saucen, Brot und Käse sind die üblichen Vorspeisen. In der Folge kommen warme Gerichte, etwa Lammschlegel, Ziegenbraten, *Khinkali* und *Tschakapuli*, wobei die Vorspeisen nicht weggeräumt werden, wenn der Hauptgang aufgetischt wird. Den Abschluss einer Tafel bilden frisches Obst, Süßigkeiten und Tee mit Muraba.
Viele der Vor- und Hauptspeisen werden einen Tag vor dem Fest zubereitet, um den vollen Geschmack der Gewürz- und Kräutermischungen zu erreichen. Das Menü hängt natürlich vom Anlass ab – die oben genannten Speisen könnten bei einem Geburtstag, einer Hochzeit oder einem anderen freudigen Anlass serviert werden. Bei einer Tafel zu Ehren eines Toten darf als warme Speise *Schilaplawi* nicht fehlen; *Kolio (Z'andili)* bildet hier die zentrale Nachspeise.
Bei großen Tafeln (etwa bei Hochzeiten) mit bis zu 300 Gästen helfen Verwandte und Freunde bei der Vorbereitung. Es ist also bereits davor ein großes gesellschaftliches Ereignis.
Für alle Rezepte gilt: Je qualitätsvoller die verwendeten Zutaten ausgewählt werden, umso geschmackvoller und bekömmlicher ist das Resultat. Ich be-

vorzuge und empfehle Produkte aus biologischer Landwirtschaft. Frische Kräuter und Gewürze spielen in nahezu allen Vor- und Hauptspeisen eine zentrale Rolle. Dieses Buch unternimmt den Versuch, einen Einblick in die Zubereitung von Speisen der georgischen Küche zu geben. Es finden sich aufwändige neben einfachen Rezepten, vegetarische Gerichte und Fleischkost, auch für Freunde von eingelegtem Gemüse, von selbst gemachten *Murabas* und Saucen gibt es hier Rezepte.

Ich hoffe, Sie können meine Begeisterung für gutes Essen in diesem Buch wiederfinden und teilen. Ich wünsche Ihnen gute Unterhaltung – denn Essen sollte neben seiner stärkenden immer und insbesondere eine gesellschaftliche Funktion haben – und gutes Gelingen. Ich hoffe, dass die georgische Küche für Sie eine Inspiration darstellt. Viel Bekanntes wird sich in neuen Kombinationen wiederfinden. Einige Zutaten, beispielsweise der Granatapfel, mögen in Mitteleuropa nicht oder erst seit kurzer Zeit gängig sein. Eines haben alle in georgischen Rezepten kombinierten Zutaten gemeinsam: Sorgfältig ausgesucht und zubereitet, schmecken sie hervorragend.

Nana Ansari — Wien, August 2004

Georgische Tafel *(Supra)*, Zeremonie des Weintrinkens

Zurab Kiknadze
Übersetzung: Reso Kiknadze

»Man kann durchaus sagen, dass man nirgends so viel Wein trinkt, und nirgends so ausgezeichneten (wie in Georgien) ...«
Jean Chardin 1686

Hat ein Gast Georgiens, ein Fremder, wenigstens einige Tage im Land verbracht und wurde vom netten Gastgeber in dessen Heim eingeladen, werden ihm als Erstes bestimmt die strengen Regeln des georgischen Gastmahls, die eiserne Disziplin an der Tafel aufgefallen sein. Nirgendwo sonst, in keinem anderen Bereich des alltäglichen Lebens ist der Georgier so ernst und so konsequent im Befolgen von Regeln wie an der Tafel.

Die Tafel, *Supra*, ist ein sehr wichtiger Bestandteil sowohl der alltagsbezogenen als auch der geistigen kulturellen Tradition Georgiens. Wann sie sich entwickelt hat, in welcher Epoche der jahrhundertelangen Geschichte des Landes, hat bisher niemand eruiert. Diese Tradition lebt trotz vieler materieller Probleme, trotz großer Not, die das Land in letzter Zeit erleiden musste, weiter und scheint nicht vom Aussterben bedroht zu sein. Armut und Knappheit können die georgische *Supra* zwar einschränken, aber nicht ihr Wesen verändern. Sie behält ihren Sinn.

Die Struktur der *Supra* ist recht einfach; ihre Elemente sind Wein, Brot (im allgemeinen Sinn des Essens), Trinkspruch und Gesang. Der Wechsel und das Harmonieren dieser vier Elemente ergeben die georgische *Supra*.

Sie ist differenziert: Es gibt eine Fest-*Supra (Lchinis Supra)* und eine Trauer-*Supra (Kelechi)*, es gibt zahlreiche offizielle *Supras* sowie familiäre *Supras* im Freundeskreis, es gibt ganz spontane *Supras* – jede hat ihre Regeln, aber für alle gibt es ein Gesetz, sozusagen eine Verfassung. Diese ist unantastbar; sie kann variieren, aber ihr Wesen, ihr Sinn bleibt unverändert.

Georgier setzen sich nicht nur an den Tisch, um zu essen und zu trinken – das Mahl ist kein Selbstzweck. Sie versammeln sich mit Freude nicht nur, weil sie eine Tafel mit gutem, edlem Wein und köstlichen Speisen erwartet; ihre Freude ist auch dadurch bedingt, dass mit ihrer Beteiligung ein Ritual vollbracht wird, dessen Ziel es ist, wohlwollende und freundschaftliche Beziehungen zwischen den Menschen zu schaffen bzw. zu festigen. Hier wird die Möglichkeit gegeben, Sympathien zu bekannten, weniger bekannten und gerade erst kennen gelernten Menschen sowie Zuneigung und Herzlichkeit den Freunden gegenüber zu äußern. Hier kann man herzlich sein, seiner Freundlichkeit, seiner Offenheit freien Lauf lassen ... Die *Supra* bietet diese Möglichkeit, in ihrem Rahmen sind überschwängliche Freundlichkeit und übermäßige Gefühle selbstverständlich. Es gehört sich bei der *Supra* und ist nicht

unpassend, über einen Mitfeiernden Besseres zu sagen, als er verdient. Der Bereich der *Supra* ist in einem gewissen Sinn ein konventioneller, aber diese Konvention ist mit herzlichen Gefühlen gefärbt und gewürzt. Jedes Mitglied der *Supra* ordnet sich unter, wissend, dass man sich nicht an einem gewöhnlichen Ort befindet, sondern dass die *Supra* etwas Besonderes ist und dass hier besondere Regeln gelten, die sich von den alltäglichen unterscheiden.
Die alten Römer sagten, die Mitglieder einer Tafel sollten nicht weniger als die Zahl der Grazien sein, nämlich drei, und nicht mehr als die Zahl der Musen, nämlich neun. Weniger würden die Stimmung an der Tafel nicht gewährleisten, mehr aber wären schwer zu leiten. Die Anzahl der Mitglieder an der georgischen *Supra* hingegen kennt nach oben sozusagen keine Grenzen – meist schwankt sie zwischen zehn und fünfhundert. Fünfhundert und manchmal mehr Leute zu leiten, wenn, wie z.B. bei einer Hochzeit, Unmengen von Wein getrunken werden, ist bei einer georgischen *Supra* nur möglich durch streng eingehaltene Regeln und vor allem durch das Wirken des Leiters der *Supra*, der die Kontrolle über den Weinkonsum hat, damit nicht mehr getrunken wird, als es die Regel der *Supra* vorsieht, um ein Chaos zu vermeiden. Was die Untergrenze von drei Leuten betrifft, so sind weniger für die georgische *Supra* insofern ungeeignet, als es unmöglich ist, einen georgischen Gesang mit weniger als drei Stimmen zu singen. Gesang aber ist ein unentbehrlicher Bestandteil der georgischen *Supra*; er ist die Krönung der Tafel (schon Homer sprach darüber).
Nun hat einer die Einladung zu einem Fest bekommen. Es ist vielleicht ein Geburtstag oder irgendein wichtiger Tag – die Rückkehr eines lange Zeit fern gewesenen Familienmitglieds oder der Abschied vor einer langen Reise, vielleicht die Aufnahme des Studiums ... Man nimmt die Einladung gern an (schriftliche Einladungen sind unüblich, meistens genügt ein Anruf entweder vom Einladenden persönlich oder auch von jemand anderem in seinem Namen), in Erwartung eines fröhlichen und herzlichen Abends. Auch wenn man vielleicht schon vorher weiß, was einen dort erwartet, wie die *Supra* verlaufen wird, da der Gastgeber sowie die Runde der Gäste schon von früher bekannt sind, wird die Erwartung dadurch nicht schwächer; es ist, als würde man ein schon einmal gelesenes Buch erneut aufschlagen, vorher Übersehenes entdecken und sich an Vergessenes wieder erinnern. Jede *Supra* ist trotz ein für alle Mal bekannter Ordnung einmalig und birgt irgendein Wunder in sich, etwas Unerwartetes, ein Geheimnis ... Mit dieser feierlichen Einstellung, vielleicht sogar voller Aufregung eilt man zur Versammlung, bei der man sich – und das ist das Wichtigste – als vollberechtigtes Mitglied der Gesellschaft fühlen wird.
Alle nehmen an der Tafel Platz wie um einen runden Tisch, da alle gleich sind. Die Plätze sind nicht vorher reserviert – außer jenem am Kopf der Tafel. Das ist der Platz des *Tamada*, des Leiters der *Supra*. Dieser Platz ist noch frei. Alle

setzen sich. Der Gastgeber kündigt an, die *Supra* sei »gesegnet«, und es geht los mit Besteckgeklapper, Zureichen der Gerichte, leichter Unterhaltung, einigen Scherzen hier, einer Anekdote dort, Gelächter, jemand lobt die Köchin usw. Irgendwann steht der Gastgeber auf und ernennt den Leiter der *Supra*. Der Ernannte nimmt seinen Platz am Kopf der Tafel ein, von dem aus die ganze *Supra* gut zu überblicken ist, und beginnt sofort mit der Erfüllung seiner Pflicht. Die Wahl ist meist für niemanden eine Überraschung. Im Gegenteil – oft sieht man mit einem Blick, wen der Gastgeber als *Tamada* bestimmen wird. Tatsächlich freuen sich eigentlich nur wenige über diesen Posten bei der *Supra*. Die meisten ziehen es vor, einfache *Supra*-Mitglieder zu bleiben, da *Tamada* zu sein eine recht verantwortungsvolle Angelegenheit ist. Der *Tamada* muss ständig achtsam sein, um nichts zu vergessen, allen die gebührende Ehre zu erweisen, keinen ohne Aufmerksamkeit zu lassen, niemanden zu übersehen und die Trinksprüche in der üblichen Reihenfolge auszubringen. Kurz – der *Tamada* »arbeitet« regelrecht an der *Supra*. Dennoch gibt es einige, die als so genannte »amtliche« *Tamadas* gelten; für sie ist das *Tamada*-Sein ein natürliches Bedürfnis und sie können sich keinen anderen als *Tamada* vorstellen als sich selbst. Sie nehmen den angebotenen Posten ohne Zögern an, obwohl oft vorher ein rituelles »Sich-Zieren« stattfinden muss.
Dem bekannten Schauspieler Dodo Abaschidze, als ein solcher »amtlicher« *Tamada* nicht minder berühmt, widerfuhr Folgendes: Er wurde Wochen vorher gebeten, bei einer großen Hochzeit mit zahlreichen Gästen in einem Dorf Kachetiens, einer ostgeorgischen Provinz, *Tamada* zu sein. Er nahm die Einladung gern an und begann mit den Vorbereitungen. Da er wusste, um welche Mengen Wein es ging, stärkte er sich und trainierte und bereitete seinen Organismus physiologisch darauf vor, indem er unter anderem in periodischen Abständen eine beträchtliche Menge Butter zu sich nahm, um damit seinen Magen und Darm zu »polieren«; unter »professionellen« Weintrinkern ist bekannt, dass ein auf diese Weise »poliertes« Verdauungssystem Unmengen von Wein vertragen kann. Der Hochzeitstag kam, der Gastgeber kündigte, wie es sich gehört, an: »Liebe Gäste, habt Dank für die Ehre, die ihr mir durch euer Kommen am Glückstag unserer Kinder erwiesen habt. Ihr wisst, jede *Supra* braucht einen Leiter, also möchte ich Dodo Abaschidze, den lieben Freund unserer Familie und hervorragenden Schauspieler, bitten, diese feierliche *Supra* zu leiten.« Dodo Abaschidze stammte aus Imeretien, einer Gegend, wo es üblich war, die Bitte mehrmals wiederholen zu lassen; also sagte er, »sich zierend«, wie das Ritual es verlangt: »Nein, um Gottes willen!« Der kachetische Gastgeber verstand die imeretische rituelle Ablehnung nicht und ernannte, ohne viel zu zögern, mit den Worten »Dann wird es unser Mit'o machen« einen anderen! Man kann sich den Zustand des großen Schauspielers und ebenso großen *Tamada* leicht vorstellen, der, auf die wiederholte Bitte wartend, den Posten verlor, für den er sich einen Monat lang vorbereitet hatte.

Festliche Tafel – frohe Anlässe (Geburt, Hochzeit)

Je nach Größe der Tafel wird eine Auswahl der unten stehenden Vor- und Hauptspeisen serviert. Die Rezeptauswahl gibt eine vollständige Hochzeitstafel wieder.

Vorspeisen

Frische Kräuter und Gemüse: Petersilie, Jungzwiebel, rotes Basilikum, Gartenkresse, Radieschen, Tomaten, Gurken
Khatschap'uri
Faschierte Karotten
Lobio – rote Bohnen
Melanzani mit Walnüssen
Melanzaniaufstrich
Eingelegte Melanzani (im Winter)
Pchali aus grünen Bohnen
Paprika mit Walnüssen und Karotten
Pchali aus Porree
Pchali aus Blättern von Roten Rüben
Pchali aus Blattspinat mit Walnüssen
Rote Rüben mit Walnüssen
Wels in Koriander-Essig-Sauce
Fisch in Granatapfelsauce
Hühnersalat mit Granatapfel
Tomaten-Gurken-Salat
Ghweseli – Estragon in Teig (im Frühling) oder Fleischpalatschinken
Kutschmadschi – Hühnerinnereien mit Berberitzen
Huhn in Basche (Walnusssauce)
Leberpastete
Gefüllte Eier mit Dille
Mtsch'adi – Maisbrot

Hauptspeisen

Ghomi – georgische Polenta
Basturma – Rind-, Lamm- oder Schweinefleisch
Khinkali – Teigtaschen mit Faschiertem
Lammschlegel mit Gemüse
Lulakababi – Lamm-/Rindsfaschiertes mit Berberitzen
Tschakapuli – Lamm mit Estragon (im Frühling)

Nachspeisen

Tschurtschkhela
Pelamuschi
Plowi
Torte

Der *Tamada* nimmt also seinen Platz am Kopfende der Tafel ein, schaut über die *Supra* und bestimmt, wenn sie etwas zu groß ist, seine Stellvertreter an verschiedenen Ecken der Tafel – einen, zwei, drei, manchmal sogar mehr, wenn besonders viele Gäste anwesend sind wie etwa bei mancher Hochzeit. Dann beginnt der *Tamada* mit seiner unmittelbaren Verpflichtung, nämlich Trinksprüche auszubringen. Diese haben je nach Art und Charakter der *Supra* eine mehr oder weniger streng festgelegte Reihenfolge. Es gibt allerdings ein Grundschema, das eingehalten werden muss. Der *Tamada* muss all die obligatorischen Trinksprüche ausbringen, die nicht ausgelassen werden dürfen, darüber hinaus ist er aber frei und darf nach Lust und Laune improvisieren.

Trotz der festgelegten Reihenfolge sind Variationen und einige Umstellungen sowie das Zurückhalten mancher Toasts für die Endphase doch ziemlich üblich. Jeder *Tamada* hat einen eigenen, individuellen Stil, was sich auf die Atmosphäre der *Supra* und die Stimmung der Mitfeiernden auswirkt. Der *Tamada* ist der Regisseur der *Supra*. Seine Trinksprüche haben im Allgemeinen in etwa diese Reihenfolge: Nachdem der *Tamada* mit dem ersten Glas »Gratulationen« zur Übernahme seines Postens bekommen hat, segnet er die *Supra* und begrüßt die Versammlung in dieser Runde, wünscht allen eine gute, friedliche und harmonische Zeit, Aufmerksamkeit für einander usw.; an dieser Stelle kann er noch kurz sagen, auf welche Art er die *Supra* führen wird, ob er es zur Pflicht erklärt, das Glas bis zur Neige zu leeren … Mancher *Tamada* ist streng und mag es nicht, wenn ein *Supra*-Mitglied »Wein stiehlt«. Das »Stehlen von Wein« bedeutet hier das Gegenteil von dem, was man denken könnte – also nicht, dass man mehr trinkt, als einem *Supra*-Mitglied zusteht, sondern ein »Nicht-Trinken« oder »Nicht-Austrinken«: wenn man so tut, als würde man trinken, in Wahrheit aber den *Tamada* und auch die *Supra*-Mitglieder täuscht. Ein Mitglied der *Supra* kann einen triftigen Grund haben, der vom Weintrinken entbindet. Oft heißt es: »Ich bin am Steuer.« Das ist tatsächlich ein triftiger Grund, obwohl es manchen *Tamada* nicht kümmert. Manche trinken aus gesundheitlichen Gründen keinen Alkohol. Sie sind trotzdem genauso rege Teilnehmer der *Supra* wie die Trinkenden – sie singen, bringen Trinksprüche aus, scherzen usw.

Das zweite Glas wird entweder auf die ganze Familie oder auf die Frau des Hauses erhoben, die diese *Supra* bereitet hat. Der dritte Toast gebührt dem eigentlichen Anlass der Versammlung, sei es Geburtstag, Verlobung, Promotion oder Hochzeit.

Mit dem vierten Glas gedenkt man der Verstorbenen oder im Krieg Gefallenen. Im Stehen wird ein Stück Brot ins Glas getaucht. Dieser Brauch kommt aus der christlichen Liturgie: Die Eucharistie wird in der orthodoxen Kirche durch in Wein getauchtes Brot symbolisiert. Der nächste Toast kann den Eltern gelten – den Lebenden wünscht man Gesundheit, Wohl und Freude, den schon Verstorbenen Erleuchtung ihrer Seelen und ewiges Andenken. Bevor der *Tamada* zu den »persönlichen Toasts« übergeht, die den *Supra*-Teilnehmern gelten, bietet er einige so genannte »abstrakte« Trinksprüche an, deren ohnehin immense thematische Vielfalt manch einfallsreicher *Tamada* noch zu erweitern schafft. Objekte solcher Toasts können die Heimat, die Freundschaft, die Liebe sein, unsere Tätigkeit, der Frieden, die Ahnen, die Könige, herausragende Persönlichkeiten, die Erinnerung an die Kindheit, die Zukunft, die in diesem Moment Geborenen, die Damen, die Kinder …

Nun beginnt der *Tamada* mit Toasts auf die *Supra*-Mitglieder. Er darf niemanden übersehen oder vergessen. Obwohl die Mitglieder einer *Supra* Gleichgestellte sind – die *Supra* macht sie zu solchen –, fängt er mit den besonders ehrwürdigen Personen an und geht so weiter, der Hierarchie, der Würde und den Verdiensten nach. Bei einer sehr großen *Supra* ehrt der *Tamada* die Feiernden manchmal paarweise, zu dritt oder sogar als Gruppe; dabei braucht er eine gute Kenntnis der *Supra*-Mitglieder, damit dieses Gruppieren nicht zufällig, sondern nach einem Prinzip (Freundes-, Bekannten-, Familien- oder Kollegenkreis etc.) geschieht. Je nachdem, wie gut der *Tamada* dieses oder jenes *Supra*-Mitglied kennt, variieren Ton, Charakter und Aufbau des Trinkspruchs. Toasts auf die Bekannten sind offener, herzlicher; bei ihnen fühlt sich der *Tamada* sicherer. Bei weniger Bekannten ist der Inhalt des Trinkspruchs eher von allgemeinem Charakter; manchmal äußerst abstrakt, wenn der *Tamada* über das Objekt nichts Fassbares weiß. In solchen Fällen, wenn die *Supra* wenig oder gar nicht bekannte Mitglieder hat, sammelt der *Tamada* vorsorglich bei der Gastgeberfamilie die nötigen Informationen und fädelt sie geschickt und delikat in seine Rede ein.

Nachdem der *Tamada* seinen Toast fertig gesprochen hat, wählt er oft ein Mitglied der *Supra*, das ihm diesen Toast nachsprechen soll. Das nennt man *Alawerdi*. Der Empfänger von *Alawerdi* wiederholt den Trinkspruch des *Tamada* mit eigenen Worten, entwickelt ihn weiter und übergibt ihn an den Nächsten. So wird von allen *Supra*-Mitgliedern nacheinander jeder ausgebrachte persönliche oder abstrakte Toast getrunken. In einem Trinkspruch gibt es viel Lob – manchmal ist es so übertrieben, dass man sich richtiggehend unwohl fühlen kann, aber man muss dastehen und zuhören. Ein ganz unbedeutendes Verdienst kann in einem Trinkspruch plötzlich ein grandioses Ausmaß bekommen; der Betroffene duldet das, auch andere hören geduldig zu und niemand nimmt dieses hyperbolische Lob ernst; es ist ein Ritual und wird als solches praktiziert. Würde man das alte römische Sprichwort (»de mortuis aut bene aut nihil«) paraphrasieren, hieße es: »Beim Trinkspruch entweder Lob oder gar nichts.« Der eben Gelobte bedankt sich mit einigen Worten und/oder kurzem Kopfneigen und leert sein Glas. Trotz des übertriebenen Lobes, von dem die persönlichen Toasts begleitet werden, tragen diese doch erheblich zum Kennenlernen der *Supra*-Mitglieder bei, versucht der *Tamada* doch bei jedem, auf den er einen Toast ausbringt, etwas Positives zu zeigen, eine gute Eigenschaft, einen außerordentlichen Moment aus seinem Leben darzustellen und, vielleicht ein wenig verschönert, hervorzuheben.

Der *Tamada* kann und muss sogar nicht geplante, unvorhergesehene Trinksprüche ausbringen. Es gibt beispielsweise einen Toast auf den »gerade Dazugestoßenen«. Dieser kann entweder ein *Supra*-Teilnehmer sein, der sich verspätet hat, oder ein Gast, der gar nicht eingeladen war und zufällig vorbeigekommen ist. Letzteres ist überhaupt keine Unannehmlichkeit, weder für ihn noch für die *Supra*. Im Gegenteil – die *Supra* begrüßt ihn mit Freude und Enthusiasmus. Das Wertvollste bei der georgischen *Supra* ist ein ungeladener Gast; das ist ein gutes Zeichen, da der Gast »von Gott« kommt. Der Verspätete wird »bestraft«. Die Strafe bedeutet, all die schon ausgebrachten Toasts zu trinken, damit er die *Supra* einholen, ihre Kondition erreichen kann. Ihm wird vorgeschlagen, in einem oder mehreren Gläsern alle bisherigen Trinksprüche zu vereinen und dann dem aktuellen Verlauf der *Supra* beizuwohnen.

Außer dem *Tamada* haben auch einfache *Supra*-Mitglieder das Recht, einen Trinkspruch auszubringen. Aber der Trinkspruch darf nicht ein vom *Tamada* beabsichtigter, sondern muss etwas Anderes, Individuelles sein; das sind die »freien Toasts«. Alle sind verpflichtet, diesen zuzustimmen, sie zu wiederholen, inhaltlich zu erweitern oder dergleichen. Es ist üblich, dass der *Tamada* für einen besonderen Toast plötzlich ein besonderes Gefäß verlangt. Der Gastgeber holt dann einen Kelch oder Becher aus Ton oder Silber, vielleicht eine *Asarpescha* – das ist eine Schale mit einem langen Griff – oder etwa eine mit einer besonderen Erinnerung verbundene Familienreliquie; oder auch ein Trinkhorn, das man nicht abstellen kann, bevor man es geleert hat. Bei einem solchen »Sondertoast« muss das Gefäß bei allen *Supra*-Teilnehmern herumgehen, damit alle daraus getrunken haben. So wird allgemeiner Respekt dem Objekt gegenüber betont und die Konsolidierung der *Supra* unterstrichen. Dieses Herumreichen eines gemeinsamen Trinkgefäßes kann während einer *Supra* mehrmals stattfinden.

So vergeht die Zeit mit Trinksprüchen, »abstrakten« und persönlichen. Der *Tamada* achtet auf den Verlauf der *Supra*, wer wie trinkt, ob nicht jemand »Wein stiehlt«; dabei wird er einen triftigen Grund wahrscheinlich akzeptieren und es dem »Dieb« durchgehen lassen. Es ist von Bedeutung, in welchem Rhythmus die Trinksprüche gehalten werden; der *Tamada* darf weder hetzen noch zu viel Zeit vergehen lassen, er muss die Stimmung der *Supra* fühlen und danach agieren, Zwischenräume für freies Gespräch schaffen, Gelegenheit für Rufe und Scherze untereinander geben, hin und her, von einem Tischende zum anderen, was während eines Trinkspruchs unzulässig ist. Es gehört sich nicht, eigenmächtig zu trinken (mit oder ohne Trinkspruch) oder aufzustehen

Silvestertafel

Vorspeisen

Eingelegtes Gemüse, z.B. Melanzani
Khatschap'uri
Melanzani mit Walnüssen
Pchali aus grünen Bohnen
Paprika mit Walnüssen und Karotten
Pchali aus Roten Rüben
Hühnersalat mit Granatapfel
Tomaten-Gurken-Salat
Ghweseli – Estragon in Teig (im Frühling) oder Fleischpalatschinken
Kutschmadschi – Hühnerinnereien mit Berberitzen
Leberpastete
Mtsch'adi – Maisbrot

Hauptspeisen

Gebratener Fenchel
Saziwi

Nachspeisen

Gosinaki
Schokoladen
Tschurtschkhela
Getrocknete Früchte

und die *Supra* zu verlassen, ohne den *Tamada* um Erlaubnis zu fragen. Die Pausen zwischen den Trinksprüchen sollten mit Gesang gefüllt werden. Oft stimmt der *Tamada* ein Lied an oder bittet, falls er es selbst nicht kann (was eigentlich recht selten ist, da ein guter *Tamada* auch diese Anforderung erfüllen sollte), die *Supra*-Mitglieder darum. Kaum eine *Supra*, bei der nicht wenigstens einige Sänger anwesend wären. Eine *Supra* ohne Gesang ist eine »Mangel-*Supra*«; es gibt sogar ein Lied, welches das »gesanglose« Gastmahl verurteilt:

> *»Sie essen da und trinken, ohne ein Lied zu singen,*
> *ob sie etwa trauern oder gar nicht singen können?«*

Die Trauer-*Supra* ist nämlich die einzige, bei der nicht gesungen wird – nicht einmal ein Trauerlied, eines der vielen, weit verbreiteten Klagelieder.
Das Repertoire an *Supra*-Liedern ist sehr groß. In manchen Regionen Georgiens gab es eine streng definierte Ordnung des Singens bei der *Supra*. Es wurden nicht beliebige, sondern eben nur *Supra*-Lieder gesungen, und zwar in einer vorgeschriebenen Reihenfolge.
Wie es einen Anfang für sie gibt, so gibt es auch ein Ende für die *Supra*. Nachdem die ganze Reihe von obligatorischen und »freien« Trinksprüchen ausgebracht wurde, steht ein (meistens das älteste) *Supra*-Mitglied auf, erhebt im Auftrag und Namen aller sein Glas auf den *Tamada*, lobt seine Leitung, dankt ihm, wünscht ihm, noch bei zahlreichen festlichen *Supras Tama-*

da zu sein usw. Das letzte Wort gehört dennoch dem *Tamada.* Der allerletzte Trinkspruch gilt nämlich der Gottesmutter und heißt »Allheiligen-Toast«. In der orthodoxen Welt ist das Hauptepitheton der Gottesmutter »die Allheilige«. Dieser Trinkspruch ist ein Muss. Er beendet die *Supra* und ist unentbehrlich. Man erzählt von einem *Tamada,* dem das Versäumnis unterlief, diesen Toast zu vergessen; er sei, als es ihm zu Hause, in einem anderen Dorf, wieder einfiel, nachts, bei Sturm und Unwetter, wieder zurückgekehrt, um ihn noch auszubringen.

Etwas Besonderes ist die Trauer-*Supra.* Nach der Beerdigung kehren deren Teilnehmer – die Angehörigen, Verwandten, Freunde des Verstorbenen und der Familie, die Nachbarn – zurück ins Haus oder gehen in einen extra hierfür gemieteten Saal (was heute eher üblich ist) und feiern eine Trauer-*Supra.* Sie heißt *Kelechi* und gehört als abschließender Teil zum Beerdigungsritual. Zudem ist *Kelechi* auch eines der wirksamsten Mittel zum Trost der Angehörigen. Die *Kelechi* ist noch mehr ritualisiert und strenger reglementiert; nicht nur die Reihenfolge, sondern auch die Anzahl der Trinksprüche (meist eine ungerade Zahl, 9 oder 13) ist festgelegt. Diese beziehen sich zwar alle auf den Verstorbenen, beschränken sich aber nicht auf eine bloße Erwähnung und Ehrung. Das erste Glas wird vom trauernden Angehörigen, dem Gastgeber, erhoben, der aus seinem Verwandten- oder Freundeskreis den *Tamada* auswählt: einen, der die lebenden und verstorbenen Mitglieder der Familie sowie all deren Eigenschaften gut kennt, damit die Trinksprüche nicht formell, sondern von Herzen kommen. Die *Supra*-Mitglieder heben das Glas auf den *Tamada* und wünschen ihm, nach dieser *Supra* nur noch für fröhliche Anlässe verpflichtet zu werden.

Das erste Wort des *Tamada* gilt dem Verstorbenen, der gerade beerdigt wurde; der *Tamada* zählt kurz dessen gute Eigenschaften und Verdienste auf, spricht sein Bedauern aus und macht deutlich, wie groß der Verlust ist, vor allem für die Familie, für den Freundeskreis und, falls der Verstorbene eine bekannte Persönlichkeit war, für die Gesellschaft und vielleicht sogar für das ganze Land. Die *Supra*-Mitglieder stehen auf und leeren ihre Trinkgefäße mit Worten wie: »Gott sei ihm gnädig und erleuchte seine Seele.« Es kann sein, dass jemand den Worten des *Tamada* noch Lobessätze oder eine Erinnerung hinzufügt.

Mit dem zweiten Trinkspruch gedenkt der *Tamada* der Eltern des Verstorbenen, falls sie nicht mehr am Leben sind (wenn sie noch leben, wird ihr Toast zu einem anderen Zeitpunkt ausgebracht). Das nächste Glas gilt seinen Kindern (ebenfalls nur, wenn sie schon verstorben sind), das dritte Glas der verstorbenen Ehefrau; das vierte den verstorbenen nahen Verwandten des Toten, die namentlich erwähnt werden; das fünfte Glas gilt allen Verstorbenen der Familie. Damit enden die Gedenktrinksprüche. Danach beginnen Trinksprüche und Trostworte an die Hinterbliebenen. Diese sind in erster

Tafel zu Ehren eines/einer Verstorbenen

Vorspeisen

Frische Kräuter oder eingelegtes Gemüse (je nach Jahreszeit): Petersilie, Jungzwiebel, rotes Basilikum, Gartenkresse, Radieschen, Tomaten, Gurken
Khatschap'uri
Lobio – rote Bohnen mit Walnüssen
Melanzani mit Walnüssen
Eingelegte Melanzani (im Winter)
Pchali aus grünen Bohnen
Paprika mit Walnüssen und Karotten
Pchali aus Porree
Pchali aus Blättern von Roten Rüben
Pchali aus Blattspinat mit Walnüssen
Rote Rüben mit Walnüssen
Wels in Koriander-Essig-Sauce
Gekochter Fisch
Gekochtes Fleisch, kalt serviert, mit frischer Petersilie
Tomaten-Gurken-Salat
Kutschmadschi – Hühnerinnereien mit Berberitzen
Huhn in Basche (Walnusssauce)
Mtsch'adi – Maisbrot

Hauptspeisen

Schilaplawi

Nachspeisen

Kolio (Z'andili)

Linie die Ehefrau (falls sie noch lebt), in zweiter Linie die Kinder; dann folgen die Enkelkinder und die Verwandten, weiters Freunde, Kollegen sowie die Nachbarn, die (so sagt man) von dem Todesfall eher erfahren haben als die Freunde und Verwandten. Wenn sich das Ende der *Kelechi* nähert, wird ein Reisgericht namens *Plawi* serviert (entweder mit Fleisch, *Schilaplawi*; während der Fastenzeit mit Pilzen), was ein Zeichen für den *Tamada* ist, noch einmal des Verstorbenen zu gedenken und damit die *Supra* zu beenden. In manchen Dörfern trinkt man das letzte Glas auf die Totengräber, die dem Verstorbenen gegenüber die letzte Pflicht erfüllt haben. Der *Tamada* beendet sein Amt, sein Toast wird aber nicht getrunken. Nur der Gastgeber bzw. ein Angehöriger dankt ihm privat und wünscht ihm noch einmal, in Zukunft nur fröhliche *Supras* zu leiten.

Es ist eine allgemeine Regel, dass sich bei einer *Kelechi* die Thematik der Trinksprüche um den Verstorbenen bewegt. Die meisten Toasts sind *Schesandobari* (»Vergebungstoasts«, der Hauptinhalt ist: »Gott möge ihm vergeben und seine Seele erleuchten«). In Tuschetien, einer Bergregion Georgiens, wird bei *Kelechi* nach den üblichen Trinksprüchen auf die Eltern, Geschwister und Verwandten unbedingt noch der auf verschiedenste Weise ums Leben Gekommenen gedacht: der von einer Lawine Überraschten oder im Wasser Ertrunkenen; der in Einsamkeit Gestorbenen; jener, deren Heim leer geblieben ist oder in deren Häusern nie wieder ein Feuer angezündet wird; jener, an die sich niemand je wieder erinnern wird; jener, die außerhalb ihrer Heimat gestorben sind; der vom Feind oder in Feindesland Getöteten; der bei der Entbindung Gestorbenen; der ohne Taufe Gestorbenen; der ledig Gestorbenen; der Selbstmörder …

Die *Schesandobari*-Toasts sind, wie man sieht, unzählig, aber man trinkt sie aus kleinen Gefäßen, damit man nicht betrunken wird, lallt oder torkelt – dergleichen gilt als höchst peinlich.

Die Trauer-*Supra*, *Kelechi*, wird sehr bescheiden gehalten: Kräuter, eingelegtes Gemüse, Fisch, Bohnen und – was bei einer Trauer-*Supra* nicht fehlen darf – *Kolio* (*Z'andili*, mit Honig verrührte gekochte Weizengrütze). Davon muss jedes *Supra*-Mitglied unbedingt gekostet haben; man sagt, *Z'andili* werde dadurch beim Verstorbenen »ankommen«. In Westgeorgien ist bei *Kelechi* nicht nur Fleisch, sondern sogar Fisch ganz und gar verboten – nur eingelegtes Gemüse, *Plawi* (ohne Fleisch) und Bohnen sind erlaubt, das ist alles.

Je nach Region ist die Art des *Kelechi* unterschiedlich. Folgt in Ostgeorgien und den Städten *Kelechi* auf die Beerdigung, so findet in westgeorgischen Dörfern erst *Kelechi* und danach die Beerdigung statt. Dabei gibt es keine einheitliche *Supra*: Die aus verschiedenen Dörfern Gekommenen sitzen getrennt, es herrscht ein Kommen und Gehen. Man spricht den Angehörigen sein Beileid aus, setzt sich zur *Supra*, trinkt drei Glas Wein als *Schesandobari* und geht zur Seite. Dann setzt sich die nächste Partie zur *Supra* und so geht es weiter bis zur Beerdigung.

Vierzig Tage nach dem Tod treffen sich die Angehörigen erneut *(Ormozi)*; traditionell wird die *Supra* wieder vom selben *Tamada* geleitet; er erwähnt die Bedeutung der vierzig Tage für den Verstorbenen, dessen Seele nach christlichem Glauben erst nach dieser Zeit den irdischen Bereich verlässt, und wiederholt die bei der Beerdigung ausgebrachten Trinksprüche. Am Jahrestag versammelt man sich erneut (*Z'listawi*). An diesem Tag wird die Trauer aufgehoben. Der *Tamada* ist derselbe wie bei *Kelechi* und *Ormozi*.

Ab jetzt steht es den Angehörigen, der Familie, dem Dorf wieder frei, Hochzeiten oder andere festliche Feiern zu veranstalten. In manchen Gegenden stellt sich als Zeichen der Aufhebung ein dafür Ausgewählter mitten im Dorf hin und spielt laut und fröhlich die *Panduri,* ein traditionelles Saiteninstrument.

Suppen

Estragonsuppe
(für 5 Personen)

60 g frischer Estragon
150 g Zwiebel
300 g Kartoffeln
20 g frischer Koriander
20 g frische Petersilie
20 g frische Dille
4-5 Knoblauchzehen
150 g Karotten
100 ml Sonnenblumenöl oder 100 g Butter
1 Eigelb
Wasser
Salz und schwarzer Pfeffer

Kartoffeln schälen, waschen, würfelig schneiden und in einem Topf mit 1½ l gesalzenem Wasser kochen. Die Hälfte der Karotten in Scheiben schneiden. Nach 5 min Kochzeit die Karottenscheiben in den Topf geben und weiterkochen.
In der Zwischenzeit Zwiebel schälen, klein schneiden, 2 Knoblauchzehen schälen, in Scheiben schneiden und beides in einer Pfanne mit Öl bei mittlerer Hitze ca. 2 min goldgelb anbraten. Die restlichen Karotten grob reiben und in die Pfanne dazugeben. Sobald die Kartoffeln im Suppentopf gar sind, kommt der Pfanneninhalt in den Topf.
Etwas Gemüsesuppe – ca. 125 ml – in einer kleinen Schüssel abkühlen lassen und dabei langsam mit einem separat geschlagenen Eigelb vermischen. Diese Mischung vorsichtig in die Suppe einrühren, zusammen mit dem gewaschenen und fein gehackten Estragon noch 1 min bei niedriger Hitze kurz aufkochen lassen und vom Herd nehmen.
Frische Kräuter waschen, fein hacken, zusammen mit gepresstem Knoblauch in die Suppe geben und gut umrühren. Mit Pfeffer abschmecken.

Gemüsesuppe
(für 5 Personen)

250 g Kartoffeln
1 Karotte
2 rote Paprika
150 g Sellerieknolle
150 g Petersilienwurzel
1 Pasternak
1 gelbe Rübe
300 g Tomaten
2 Zwiebeln
30 g frischer Koriander
30 g frische Petersilie
30 g frische Dille
50 g Suppennudeln (aus Weizen oder Dinkel)
4-5 Knoblauchzehen
100 ml Sonnenblumenöl (oder 100 g Butter)
Salz und schwarzer Pfeffer

Kartoffeln schälen, waschen, würfelig schneiden und in einem Topf mit 1½ l gesalzenem Wasser kochen. Karotte und gelbe Rübe in Scheiben, das übrige Wurzelgemüse würfelig (ca. 1 cm) schneiden, zu den ca. 5 min gekochten Kartoffeln in den Topf geben und weiterkochen. Sobald das Gemüse fast gar gekocht ist, Suppennudeln ca. 2-3 min mitkochen.
In der Zwischenzeit Zwiebel schälen, klein schneiden und in einer Pfanne mit Öl oder Butter bei mittlerer Hitze goldgelb braten. Pasternak, Paprika klein würfelig schneiden, Tomaten und Paprika ca. 2 min in siedendes Wasser legen, herausnehmen, schälen, in kleine Stücke schneiden, ebenfalls in die Pfanne geben und 1 min weiterbraten lassen. Danach – das Wurzelgemüse ist bereits gar gekocht – den gesamten Pfanneninhalt in den Suppentopf geben, kurz aufkochen lassen und vom Herd nehmen.
Die frischen Kräuter waschen, fein hacken und zusammen mit dem gepressten Knoblauch in die Suppe mischen.

Anstatt die Karotte und die gelbe Rübe im Topf zu kochen, können beide gerieben und mit den Zwiebeln gebraten werden.
Zu empfehlen ist auch folgende Variante: 2 rote Paprika klein schneiden und zum angebratenen Zwiebel geben, dazu 3 geriebene Karotten und danach die Tomatenstücke.

Guptasuppe – Rindsuppe mit faschierten Laibchen (Frühlingsvariation)

(für 5 Personen)

350 g Rindsfaschiertes
250 g Markknochen
300 g Kartoffeln
40 g Reis, im Mörser zerstoßen
200 g Sellerieknolle
1 Zwiebel
2 Karotten
150 g grüne (unreife) Ringlotten
40 g frische Petersilie
50 g frischer Koriander
1 Ei
2-3 Knoblauchzehen
Salz und schwarzer Pfeffer

Knochen, Sellerie und eine Karotte gut waschen, in einen Topf legen und mit Wasser bedecken. Bei mittlerer Hitze ca. 60 min kochen, nach dem ersten Aufkochen den Schaum mit einem Schaumlöffel abschöpfen. Danach die Bouillon abseihen. Das Gemüse wird nicht weiter verwendet.

Die würfelig geschnittenen Kartoffeln und die in Scheiben geschnittene zweite Karotte mitsamt der klaren Bouillon in einem Topf bei mittlerer Hitze 10 min kochen.

Das Faschierte in einer Schüssel salzen, pfeffern und mit dem Ei vermischen, gut durchkneten und walnussgroße Kugeln formen, in zerstoßenem Reis wälzen, in die Bouillon geben und weiterkochen.

Zwiebel klein schneiden und in einer Pfanne mit etwas Bouillon anschwitzen. Zusammen mit den Ringlotten in die Bouillon geben. Wenn die faschierten Laibchen durch und die Ringlotten weich sind, Topf vom Herd nehmen, Petersilie und Koriander fein hacken und in die Suppe geben. 2-3 Knoblauchzehen hineinpressen und heiß servieren.

Statt Rindsfaschiertem kann auch Lammfleisch verwendet werden.
Aufgrund der Ringlotten ist das Rezept in dieser Variation eine ausgesprochene Frühlingssuppe. Zu jeder anderen Jahreszeit statt der Ringlotten 4 EL Tkhemali (siehe Rezept S. 184) dazugeben. Das Gericht schmeckt auch ohne Tkhemali sehr gut.

Hühnersuppe
(für 5 Personen)

1 Huhn
200 g Kartoffeln
50 g Reis oder Suppennudeln aus Weizen oder Dinkel
100 g Zwiebel
1 Karotte
150 g Petersilienwurzel
30 g frischer Koriander
20 g frische Petersilie
20 g frische Dille
3-4 Knoblauchzehen
Salz und schwarzer Pfeffer

Das Huhn gut waschen und insbesondere innen säubern, eventuell die Restfedern entfernen. In einen Topf legen, mit Wasser bedecken und bei mittlerer Hitze kochen. Nach dem ersten Aufkochen den Schaum abschöpfen. Eine ganze Zwiebel, Salz und Petersilienwurzel dazugeben und weiterkochen, bis das Huhn gar ist. Den Schaum abschöpfen.
Das Huhn aus der Bouillon nehmen, Gemüse entfernen und die Bouillon abseihen.
In die klare Bouillon kommen nun Reis, würfelig geschnittene Kartoffeln und die in Scheiben geschnittene Karotte. Kochen, bis der Reis gar ist.
Vom Herd nehmen, die frischen Kräuter fein hacken, Knoblauchzehen pressen und in die Suppe geben.
Zum Schluss mit Pfeffer abschmecken.

Das Huhn kann entweder zerteilt in die Suppe gegeben oder separat mit verschiedenen Saucen serviert werden (z.B. Berberitzen-, Knoblauch- oder Tchemalisauce – einfach ausprobieren).

Khaschi – Kuttelsuppe
(für 10 Personen)

Katersuppe aus Rindskutteln und -haxe. Sie wird lange gekocht und mit frisch gepresstem Knoblauch serviert. Als typisches Katerfrühstück hat sie so manchem Georgier zu neuer Lebenslust verholfen.

1 Rindshaxe
800 g Rindskutteln
½ Knolle Knoblauch
250 ml Milch
Wasser
Salz
eventuell Zitrone oder Essig
Öl zum Anbraten

Variante 1

Die Rindshaxe wird in 5 cm lange Teile gehackt (es empfiehlt sich, das bereits in der Fleischerei machen zu lassen) und gründlich gewaschen. Dabei sollten unbedingt die Haare mit einem Rasiermesser entfernt werden. Die Kutteln werden ebenso gründlichst gewaschen.
Beides in einem Topf mit etwas Öl anbraten. Nach 10 min so viel Wasser dazugeben, dass der Topf zu 3/4 voll ist. Khaschi wird 5 bis 6 Stunden lang gekocht. Solange sich Schaum bildet, wird er mit einem Schaumlöffel abgeschöpft. Das restliche Fleisch an den Knochen sollte am Schluss abgefallen sein. 10 min vor Ende der Kochzeit wird Milch dazugegeben und nach Geschmack gesalzen.
Die Suppe wird heiß serviert. Nach Wunsch gepressten Knoblauch, Salz und Zitrone hinzufügen.

Variante 2

Vorbereitungen wie oben beschrieben. Vor dem Kochen werden Knochen und Kutteln 5-6 Stunden in Milch eingelegt. Die Milch wird anschließend entfernt. Danach wie oben kochen.
Nach Wunsch Zitrone oder Essig dazugeben.

Rindsuppe mit Sauerampfer und Blattspinat
(für 5 Personen)

½ kg Suppenfleisch (Bein- oder Schulterfleisch)
250 g Markknochen
150 g Sauerampfer
150 g Blattspinat
2 Zwiebeln
150 g Sellerieknolle
150 g Petersilienwurzel
50 g frische Petersilie
50 g frische Dille
50 g Butter
2 hart gekochte Eier
Sauerrahm oder Joghurt
Wasser
Salz und schwarzer Pfeffer

Rindfleisch und Knochen gut waschen, in einen Topf legen und mit Wasser bedecken. Bei mittlerer Hitze kochen, nach dem ersten Aufkochen das Wasser wechseln. Nun eine Zwiebel, Salz, Sellerie und Petersilienwurzel dazugeben und weiterkochen, bis das Fleisch gar ist. Den Schaum abschöpfen.
In der Zwischenzeit die andere Zwiebel schälen, klein schneiden und in einer Pfanne mit Butter bei mittlerer Hitze goldgelb anbraten.
Fleisch aus der Bouillon nehmen, Knochen sowie Gemüse entfernen, die Bouillon abseihen das Fleisch würfelig (ca. 3 cm) scheiden.
Sauerampfer und Spinat waschen, klein schneiden oder durch den Fleischwolf drehen, gemeinsam mit der angebratenen Zwiebel in die Suppe geben und ca. 10 min weiterkochen. Vom Herd nehmen, Petersilie und Dille waschen, fein hacken und in die Suppe geben. Hart gekochte Eier in Scheiben schneiden und auf dem Rand des Tellers angerichtet als Suppeneinlage servieren.

Gerne nimmt man zu dieser Suppe Sauerrahm oder Joghurt (zur freien Entnahme auf den Tisch stellen).
Diese Suppe kann auch ohne Fleisch zubereitet werden.

Rindsuppe mit Sauerampfer
(für 5 Personen)

½ kg Suppenfleisch (Bein- oder Schulterfleisch)
250 g Markknochen
300 g Kartoffeln
150 g Sauerampfer
150 g Jungzwiebel (auch grüne Teile)
1 Zwiebel
2 Karotten
150 g Sellerieknolle
1 EL Weizenmehl
50 g frische Petersilie
50 g frische Dille
50 g Butter
1 Lorbeerblatt
Wasser
Salz und schwarzer Pfeffer

Rindfleisch und Knochen gut waschen, in einen Topf legen und mit Wasser bedecken. Bei mittlerer Hitze kochen, nach dem ersten Aufkochen das Wasser wechseln. Nun eine ganze Zwiebel, Salz, Sellerie und eine Karotte hinzufügen und weiterkochen, bis das Fleisch gar ist. Den Schaum abschöpfen.
In der Zwischenzeit den Jungzwiebel waschen, klein schneiden und in einer kleinen Pfanne mit Butter und 1 EL Mehl ca. 3 min bei mittlerer Hitze anbraten.
Fleisch aus der Bouillon nehmen, Knochen sowie Gemüse entfernen, die Bouillon abseihen, das Fleisch würfelig (ca. 3 cm) scheiden. Kartoffeln schälen, stiftelig oder würfelig (ca. 2 cm) schneiden, die zweite Karotte in Scheiben schneiden. Alles in die Bouillon geben und weiterkochen, bis die Kartoffeln gar sind. Sauerampfer waschen, klein schneiden, gemeinsam mit dem angebratenen Jungzwiebel in die Suppe geben, fertig kochen (ca. 2 min). Vom Herd nehmen, Petersilie und Dille fein hacken und in die Suppe geben.

Die Suppe schmeckt mit Sauerrahm sehr gut (zur freien Entnahme auf den Tisch stellen).

Joghurtsuppe
(für 5 Personen)

½ l Joghurt
1½ l Wasser
100 g Reis (Basmati)
1 Ei
50 g frischer Estragon
100 g Jungzwiebel (auch grüne Teile)
50 g frische Pfefferminze
50 g frische Dille
10 g frisches Bohnenkraut
2-3 EL Sonnenblumenöl
Salz

Alle frischen Kräuter und den Zwiebel klein schneiden, mit Sonnenblumenöl in einer Pfanne ca. 3 min anbraten und vom Herd nehmen.
Ei in einer Schüssel quirlen, Joghurt langsam dazurühren, nach und nach Wasser dazugeben. In einen Topf umfüllen, gewaschenen Reis dazugeben und bei niedriger Hitze unter ständigem Rühren zum Kochen bringen. Sobald die Suppe kocht, die Hälfte der angebratenen Kräuter-Zwiebel-Mischung dazugeben und gelegentlich umrühren, bis der Reis weich gekocht ist. Danach die restlichen Kräuter in den Topf geben, kurz aufkochen lassen und vom Herd nehmen. Salzen.

Die Suppe schmeckt besonders in der heißen Jahreszeit köstlich. Man kann sie heiß oder kalt servieren – beides schmeckt sehr gut.

Sommersuppe mit Apfel und Lamm
(für 5 Personen)

½ kg Lammfleisch (Schulterfleisch mit etwa 30 g Fett zum Anbraten)
ca. 2 l Wasser
250 g Zwiebeln (3 Stk)
300 g Tomaten
200 g grüne Bohnen
ca. 200 g saure Äpfel (2 Stk)
50 g frische Petersilie
gemahlener roter Pfefferoni
Salz

Lammfleisch und Fett am besten bereits in der Fleischerei von Knochen und Hautgewebe befreien lassen, zu Hause gut waschen, würfelig (ca. 2 cm) schneiden, in einen Topf legen und ca. 2 l Wasser dazugeben. Bei mittlerer Hitze ca. 30 min kochen, den Schaum abschöpfen.
In der Zwischenzeit Zwiebel schälen, waschen, klein schneiden und in einer kleinen Pfanne mit Lammfett ca. 3 min bei mittlerer Hitze anbraten.
Das Fleisch aus der Bouillon nehmen und mit dem Zwiebel ca. 5 min nachbraten. Danach geschälte, klein geschnittene Tomaten dazugeben und weitere 5 min garen.
Die Bouillon durch ein feines Sieb wieder in einen Topf seihen. Grüne Bohnen waschen, die Enden an beiden Seiten entfernen, eventuell Fäden ziehen, falls die Bohnen faserig sind, in die Bouillon geben und ca. 20 min kochen.
Die Äpfel waschen, ungeschält in Scheiben schneiden, ebenfalls in die Bouillon geben, mit Salz und Pfefferoni abschmecken und ca. 4 min kochen. Vom Herd nehmen, fein gehackte Petersilie darauf streuen und warm servieren.

Tomatensuppe mit Walnüssen
(für 5 Personen)

1 kg Tomaten
3 mittelgroße Zwiebeln
50 g Walnüsse
40 g frischer Koriander
200 ml Wasser
Salz und gemahlener roter Pfeffer

Tomaten überbrühen, schälen, in Stücke schneiden, die Kerne entfernen und pürieren.
Zwiebel schälen, durch den Fleischwolf drehen (feine Scheibe). Tomaten und Zwiebel in einem Topf mit 200 ml Wasser bei mittlerer Hitze ca. 15 min kochen. Danach die ebenfalls durch den Fleischwolf gedrehten Walnüsse dazugeben und weitere 5 min kochen. Vom Herd nehmen, salzen und pfeffern, den frischen Koriander fein hacken und dazumischen, abschmecken. Die Suppe kann warm oder – bei heißem Wetter – kalt serviert werden.

Beim Entfernen der Tomatenkerne geht oft etwas Fruchtfleisch mit. Man kann das verhindern, indem die Kerne mit den Fruchtfleischresten durch ein engmaschiges Sieb gepresst werden.

Tschikhirtma – Hühnersuppe mit Ei und frischen Kräutern
(für 5 Personen)

1 Huhn
300 g Zwiebel (3 Stk)
3 Eier
1-2 EL Weizenmehl
20 g frischer Koriander
10 g frische Petersilie
20 g frische Minze
20 g frischer Estragon
10 g frisches Basilikum
2 EL Weißweinessig
½ TL gemahlener Koriander
1 Messerspitze Zimt
Salz und schwarzer Pfeffer

Huhn gut waschen, insbesondere innen säubern, eventuell die Restfedern entfernen. In einen Topf legen, mit Wasser bedecken und auf mittlerer Hitze kochen. Nach dem ersten Aufkochen den Schaum abschöpfen.
Wenn das Huhn gar ist, aus der Bouillon nehmen, salzen, abkühlen lassen und zerteilen.
Das Fett der Bouillon abschöpfen und darin den klein geschnittenen Zwiebel bei mittlerer Hitze glasig braten, danach das Mehl dazugeben, gut vermischen – ständig rühren, um ein Anbrennen zu vermeiden. Ca. 5 min weiterbraten – falls zu wenig Flüssigkeit vorhanden ist, etwas Bouillon hinzufügen. Die Bouillon abseihen und einen Teil davon (ca. 200 ml) in eine Schüssel geben. Die restliche Bouillon zu den Zwiebeln geben, Essig, gemahlenen Koriander und Zimt hinzufügen und ca. 10 min bei niedriger Hitze kochen. Danach die Bouillon vom Herd nehmen.
In einer Schüssel Eier schlagen und langsam die abgekühlte Bouillon (200 ml) untermischen, diese Mischung danach in den Topf mit der Bouillon geben, diesen wieder auf den Herd stellen und die Suppe unter ständigem Rühren fast zum Sieden bringen. Vom Herd nehmen, die frischen Kräuter fein hacken und in die Suppe geben.

Das Huhn kann entweder portioniert in die Suppe gegeben oder separat mit verschiedenen Saucen gegessen werden (z.B. Granatapfel-, Berberitzen-, Knoblauch-, Tchemalisauce – einfach ausprobieren).
Das Hühnerfleisch kann auch von den Knochen gelöst in die Suppe getan werden.

Gemüsegerichte

Adschabsandali

Ein vegetarisches Gericht aus Melanzani mit verschiedenen Gemüsen, das in der Fastenzeit zubereitet und serviert wird. Da die Fastenzeiten im orthodox-christlichen Glauben sehr häufig und lang sind, werden die Adschabsandali-Variationen dementsprechend oft gegessen.
Adschabsandali wird in vielen Variationen in großen Mengen zubereitet und vorzugsweise kalt gegessen. Es hält sich im Kühlschrank bis zu drei Tage lang.

Variation 1
(für 5-6 Personen)

2 kg Melanzani
4 Zwiebeln
3 rote Paprika
½ kg Tomaten
4 Knoblauchzehen
50 g frischer Koriander
40 g frische Petersilie
30 g frische Dille
30 g frisches Basilikum
100 ml Sonnenblumenöl
Salz und scharfer roter Pfeffer

Melanzani gut waschen, schälen und in 1,5 cm dicke Scheiben schneiden. Die Stücke salzen und 1 Std ziehen lassen. Danach durch kräftiges Drücken zwischen den Handballen die Flüssigkeit aus den Melanzanischeiben pressen. In einer großen Pfanne das Sonnenblumenöl erhitzen und möglichst alle Melanzanistücke gleichzeitig braten.
Paprika und Tomaten waschen, Paprika in Ringe schneiden, die Tomaten überbrühen, schälen und in kleine Stücke schneiden oder pürieren. Geschälten Zwiebel in dünne Ringe schneiden.
Nach 10 min die Zwiebel zu den Melanzani geben und weiterbraten. Nach weiteren 10 min die Paprika dazugeben. Sobald Melanzani, Zwiebel und Paprika fertig gebraten sind, die Tomaten hinzufügen und weitere 5 min bei niedriger Hitze köcheln. Gepressten Knoblauch und fein gehackte frische Kräuter dazugeben, gut durchmischen, nach Geschmack salzen und pfeffern.
Die Speise wird warm oder kalt serviert.

Variation 2
(für 5-6 Personen)

2 kg Melanzani
4 Zwiebeln
3 rote Paprika
1 scharfer grüner Pfefferoni
1 kg Tomaten
4 Knoblauchzehen
50 g frische Petersilie
50 g frische Sellerieblätter
50 g frisches rotes Basilikum
100 ml Sonnenblumenöl
Salz

Melanzani gut waschen und in 1,5 cm dicke Scheiben schneiden. Die Stücke einsalzen und 1 Std ziehen lassen. Danach durch kräftiges Drücken zwischen den Handballen die Flüssigkeit aus den Melanzanischeiben pressen. In einer Pfanne das Sonnenblumenöl erhitzen und die Melanzani braten.
Paprika und Tomaten waschen, Paprika in Ringe schneiden, Tomaten überbrühen, schälen und in kleine Stücke schneiden oder pürieren. Geschälten Zwiebel in dünne Ringe schneiden.
Zwiebel in separater Pfanne braten, nach 10 min Paprika hinzufügen. Sobald beides fertig gebraten ist, Tomaten dazugeben und weitere 30 min bei niedriger Hitze köcheln. Den gepressten Knoblauch, die fein gehackten frischen Kräuter und den scharfen Pfefferoni dazugeben, gut durchmischen und weiterkochen.
In einem Topf oder einer großen Pfanne werden die gebratenen Melanzani mit dem anderen Gemüse vermischt und ca. 2 min bei geringer Hitze fertig gegart. Nach Geschmack salzen.
Die Speise wird warm oder kalt serviert.

Variation 3
(für 5-6 Personen)

2 kg Melanzani
1 kg Karotten
1 kg Zwiebel
1 kg roter Paprika
1 kg Tomaten
2 Knoblauchzehen
200 ml Sonnenblumenöl
Salz

Melanzani gut waschen und in 1,5 cm dicke Scheiben schneiden. Die Stücke einsalzen und 1 Std ziehen lassen. Geschälten Zwiebel in dünne Ringe schneiden, in einer Pfanne mit Öl bei mittlerer Hitze goldgelb braten und in einen Topf geben. In der selben Pfanne geriebene oder in Scheiben geschnittene Karotten und den ringförmig geschnittenen Paprika braten, bis Karotten und Paprika weich sind (ca. 10 min) und anschließend zum Zwiebel geben. Durch kräftiges Drücken zwischen den Handballen die Restflüssigkeit aus den Melanzanischeiben pressen und diese in der jetzt leeren Pfanne auf beiden Seiten in Öl braten. Die fertigen Melanzani zum übrigen Gemüse in den Topf geben.
Tomaten überbrühen, schälen, in kleine Stücke schneiden oder pürieren, in der Pfanne ca. 5-10 min aufkochen und ebenfalls in den Topf geben. Reichlich salzen, gepressten Knoblauch hinzufügen, alles gut durchmischen.
Die Speise wird kalt serviert.

Grüne Bohnen mit Joghurt
(für 5-6 Personen)

Grüne Bohnen mit Joghurt eignen sich als leichte Vorspeise oder als Beilage zu allen gebratenen Fleischspeisen.

½ kg grüne Bohnen
½ l Joghurt
20 g frischer Koriander
10 g frische Petersilie
10 g frisches Basilikum
10 g frische Minze
3-4 Knoblauchzehen
Salz und schwarzer oder grüner Pfeffer

Joghurt in ein dünnes Stofftuch füllen und zum Abtropfen der Molke aufhängen oder in ein großes, feines Sieb geben. Nach ca. 1 Stunde das Joghurt aus dem Tuch in eine Schüssel geben.
Bohnen gut waschen, obere und untere Enden entfernen, eventuell Fäden ziehen und in 3-4 cm lange Stücke brechen. Anschließend in einem Topf mit Wasser bissfest kochen (ca. 25 min), danach Bohnen in einem Sieb abseihen und abkühlen lassen.
Anschließend den Knoblauch schälen und in eine Schüssel pressen, die frischen Kräuter fein hacken und dazugeben, die Bohnen und das entwässerte Joghurt untermischen. Mit Salz und Pfeffer abschmecken.
Die Speise wird kalt serviert.

Grüne Bohnen mit Tomaten
(für 5-6 Personen als Beilage)

1 kg grüne Bohnen
1 kg Tomaten
60 g frischer Koriander
60 g frische Petersilie
30 g frisches Basilikum
30 g frisches oder 1 TL getrocknetes Bohnenkraut
3 Zwiebeln
3 Knoblauchzehen
100 mg Butter
Salz und schwarzer oder grüner Pfeffer

Bohnen gut waschen, obere und untere Enden entfernen, eventuell Fäden ziehen, und in ca 4 cm lange Stücke brechen. In einem Topf mit Wasser bissfest kochen (ca. 25 min) und anschließend abseihen.
In einer Pfanne den klein geschnittenen Zwiebel in Butter goldgelb braten. Klein geschnittene Tomaten dazugeben und ca. 2 min weiterbraten, danach die Bohnen untermischen und weitere 4 min braten.
Zum Schluss den gepressten Knoblauch und die fein gehackten frischen Kräuter dazugeben und gut durchmischen. Mit Salz und Pfeffer abschmecken. Die Speise wird warm serviert.

Karotten gefüllt mit Walnüssen
(für 8 Personen)

Dieses Rezept ist als Vorspeise sehr gut geeignet.

7 dicke Karotten
100 g Walnüsse
150 g Zwiebel (2 Stk)
1 Knoblauchzehe
20 g frischer Koriander
½ TL Korianderkörner (im Ganzen oder gemahlen)
1 Prise Safran (siehe Nützliches & Wissenswertes)
1 TL Weinessig
50 ml Sonnenblumenöl
Salz

Karotten gut waschen, in einem Topf bissfest kochen, herausnehmen, abkühlen lassen und in Stücke (ca. 2,5 cm) schneiden. Das Innere mit einem schmalen Messer herausschneiden und zerkleinern.

Fülle: Klein geschnittenen Zwiebel in Öl glasig braten, das Karotteninnere dazugeben, ca. 2 min braten, vom Herd nehmen und abkühlen lassen. Knoblauchzehe und Korianderkörner in einem Mörser möglichst fein zerstampfen. Frischen Koriander fein hacken, Walnüsse durch den Fleischwolf drehen, mit Safran und Zwiebel-Knoblauch-Mischung vermengen und alles gut durchkneten.

Die abgekühlten Karottenstücke mit der Masse füllen, auf einem Teller anrichten und ca. 1 Std im Kühlschrank ziehen lassen, danach servieren.

Die gefüllten Karotten kann man mit Granatapfelkernen und frischem, fein gehacktem Koriander dekorieren.

Lobio aus roten Bohnen
(für 5-6 Personen)

Bohnengericht mit frischen Kräutern

½ kg rote Bohnen
3 Zwiebeln
4 Knoblauchzehen
80 g frischer Koriander
40 g frische Petersilie
30 g Stangensellerie (nur Blätter)
1 bis 2 EL Weinessig bzw. 3 EL Tkhemali (siehe Rezept S. 184)
2 bis 3 TL Korianderkörner
3 EL Sonnenblumenöl
Salz und scharfer Pfefferoni oder ½ frischer roter Pfefferoni

Bohnen gut waschen und in einem Topf mit Wasser zum Kochen bringen. Sobald sich Schaum bildet, abschöpfen, frisches Wasser hinzugeben und weiterkochen. Das Wasser sollte die Bohnen dreifach überdecken. Die Kochzeit beträgt ca. 1½ bis 2 Stunden. Das Wasser sollte während der Kochzeit nicht komplett verdunsten, immer etwas Wasser dazugeben. Die Bohnen sollten am Ende weich sein.
Zwiebel würfelig (ca. 3 mm) schneiden und in einer Pfanne mit Sonnenblumenöl goldgelb anbraten. In einem Mörser Korianderkörner gemeinsam mit Knoblauch und Salz zerstoßen.
Den Zwiebel und die zerstoßenen Gewürze zu den weichen Bohnen geben und ca. 10 min bei niedriger Hitze weiterkochen. Mit einem Pürierstab (Achtung: nicht elektrisch) werden die Bohnen zerstampft – es soll ein Brei, aber kein Püree entstehen.
Frische Kräuter fein hacken, mit Essig in den Topf geben und 2 min bei sehr niedriger Hitze mitkochen.
Das Lobio wird heiß in kleinen Schüsseln serviert.

Als Beilagen passen Sauerkraut, eingelegte Gurken und eingelegte scharfe Pfefferoni.
Als feste Beilage wird Mtsch'adi (Maisbrot, siehe Rezept S. 92) gegessen.
Dieses Rezept wird auch mit Walnüssen (200 g) zubereitet: 10 min vor Ende der Kochzeit durch den Fleischwolf gedrehte Nüsse dazugeben und mitkochen.

Melanzani mit Granatapfelsauce
(für 3-4 Personen)

Diese Speise eignet sich sehr gut als Vorspeise.

1 kg Melanzani (3 Stk)
100 g Zwiebel (1 Stk) oder 1 Jungzwiebel (nur grüne Teile)
1 Granatapfel
2 Knoblauchzehen
10 g frischer Koriander
roter scharfer Pfefferoni
ca. 1 EL Sonnenblumenöl
Salz

Melanzani gut waschen und ungeschält im Ganzen ca. 60 min bei 180 Grad im Backrohr backen, herausnehmen, abkühlen lassen und schälen. Durch Drücken entwässern und in kleine Stücke schneiden. In einer Pfanne Sonnenblumenöl erhitzen und die Melanzani ca. 3 min braten (auf jeden Fall so lange, bis sie gar sind) und anschließend vom Herd nehmen.
Saft eines halben Granatapfels (siehe Nützliches & Wissenswertes) in eine Schüssel geben, Knoblauch schälen und dazupressen, klein geschnittenen Zwiebel und frischen Koriander, die Kerne der zweiten Granatapfelhälfte, Melanzanistücke, Salz und Pfeffer dazugeben, alles mit einem Löffel gut mischen und im Kühlschrank ca. 1 Std ziehen lassen.
Die Speise wird kalt serviert.

Melanzaniaufstrich

2 kg Melanzani (6 Stk)
40 g frischer Koriander
40 g frische Petersilie
2 Charlottenzwiebeln
Salz und gemahlener Pfefferoni
ca. 2 EL Sonnenblumenöl
2-3 EL Salatmayonnaise
½ TL gemahlener Koriander
1 Messerspitze Safran (siehe Nützliches & Wissenswertes)
½ TL gemahlenes Khmeli-Suneli (siehe Nützliches & Wissenswertes)

Melanzani gut waschen und ungeschält im Ganzen im Backrohr ca. 60 min bei 180 Grad backen, herausnehmen, abkühlen lassen, schälen, durch Drücken die Flüssigkeit herauspressen, in kleine Stücke schneiden. In einer Pfanne Sonnenblumenöl erhitzen und die Melanzani ca. 3 min braten (auf jeden Fall so lange, bis sie gar sind).
Melanzani anschließend in eine Schüssel geben und sehr klein geschnittenen Zwiebel (3 mm), fein gehackten Koriander und Petersilie dazugeben.
Die Mayonnaise wird mit Khmeli-Suneli, Safran, Salz und Pfefferoni abgeschmeckt und zur Melanzanimasse gegeben.
Den Aufstrich ca. 30 min im Kühlschrank rasten lassen und anschließend servieren.

Melanzani mit Frischkäse
(für 4 Personen)

Dieser Melanzanisalat ist sehr einfach zuzubereiten und eignet sich hervorragend als Vorspeise.

800 g Melanzani (ca. 3 Stk)
50 g frische Dille
2 Knoblauchzehen
200 g Sauerrahm
200 g Frischkäse (Kuhkäse z.B. Gazi, Feta)
ca. 50 ml Sonnenblumenöl

Melanzani gut waschen und der Länge nach in dünne Scheiben (< 1 cm) schneiden, in einer Pfanne Sonnenblumenöl erhitzen und beide Seiten der Melanzanischeiben hellbraun anbraten. Nach dem Braten die Stücke in ein Abtropfsieb legen.
In einer Schüssel Käse zerkleinern und mit Sauerrahm vermischen.
Knoblauch schälen und hineinpressen, Dille fein hacken, in die Käsemischung geben und mit einem Löffel gut vermischen. Die gebratenen Melanzanistücke auf einer Seite mit der Käsemischung bestreichen und einrollen.
Auf einem Teller anrichten und mit etwas fein gehackter Dille garniert servieren.

Melanzani mit Mayonnaisesauce
(für 3 Personen)

800 g Melanzani (3 Stk)
30 g frischer Koriander
20 g frische Petersilie
100 g Charlottenzwiebel (4 Stk)
2 Knoblauchzehen
ca. 50 ml Sonnenblumenöl
3 EL Salatmayonnaise
½ TL gemahlener Koriander
60 ml Wasser
Salz und roter Pfeffer

Melanzani gut waschen, schälen und in 1,5 cm dicke Scheiben schneiden. Die Stücke einsalzen und ½ Std ziehen lassen. Danach durch kräftiges Drücken zwischen den Handballen die Restflüssigkeit aus den Melanzanischeiben pressen. In einer Pfanne Sonnenblumenöl erhitzen und beidseitig leicht braun anbraten. Nach dem Braten die Stücke in ein Abtropfsieb legen. Danach fein gehackten Zwiebel in der selben Pfanne goldgelb braten.
In einer Schüssel Mayonnaise, gemahlenen Koriander, gepressten Knoblauch, gebratenen Zwiebel sowie Pfeffer und 60 ml Wasser gut mischen. Die frischen Kräuter fein hacken, mit den gebratenen Melanzanistücken und der Mayonnaisesauce vermengen.
In einer Schüssel anrichten und kalt servieren.

Melanzani mit Reis
(für 5-6 Personen)

1½ kg Melanzani (4 Stk)
½ kg Zwiebel (5 Stk)
1½ kg Tomaten
4 dünnwandige, längliche Paprika
200 g Reis (Basmati)
5 Knoblauchzehen
50 g frischer Koriander
30 g frisches rotes Basilikum
10 g frisches grünes Basilikum
40 g frische Petersilie
100 ml Sonnenblumenöl
1 frische, scharfe grüne Pfefferoni
Salz

Melanzani gut waschen, ungeschält in 1,5-2 cm dicke Scheiben schneiden und ½ Std ziehen lassen. Danach durch kräftiges Drücken zwischen den Handballen die Restflüssigkeit aus den Melanzanischeiben pressen. In einer Pfanne Sonnenblumenöl erhitzen und beidseitig hellbraun anbraten. Einige Zeit in ein Abtropfsieb legen.
Reis waschen, halb fertig kochen (ca. 7 min), abseihen, abschrecken und abtropfen lassen. In der Melanzanipfanne ringförmig geschnittenen Zwiebel in Öl goldgelb braten und vom Herd nehmen. Alle frischen Kräuter und Pfefferoni fein hacken, mit 3 gepressten Knoblauchzehen in einer Schüssel gut vermischen.
In einem Topf werden die Zutaten in folgender Reihenfolge geschichtet:

1. Melanzani, zusammen mit einer gepressten Knoblauchzehe
2. Tomaten, in Scheiben geschnitten
3. Zwiebel
4. Reis
5. Paprika, in Ringe geschnitten
6. Kräutermischung

1.-6. noch einmal wiederholen, wenn genügend Zutaten vorhanden sind.
Bei mittlerer Hitze im Backrohr oder auf der Herdplatte garen, bis der Reis fertig ist (ca. 10 bis 20 min).
Die Speise wird warm oder kalt serviert.

Melanzani mit Walnüssen
(für 6-8 Personen)

Diese Speise ist in Georgien sehr beliebt und wird bei allen Tafeln offeriert.

2 kg Melanzani (5 Stk)
300 g Walnüsse
1 Zwiebel
6 Knoblauchzehen
1 Granatapfel
50 g frischer Koriander
50 g frische Petersilie
30 g frische Blattsellerie
2 TL Essig
1 frischer, scharfer roter oder 2 Messerspitzen gemahlener Pfefferoni
Salz

Melanzani gut waschen und der Länge nach in dünne Scheiben (1 cm) schneiden, in einer Pfanne Sonnenblumenöl erhitzen und beide Seiten hellbraun anbraten. Nach dem Braten die Stücke in ein Abtropfsieb legen.
Walnüsse, frische Pfefferoni und Knoblauch durch den Fleischwolf drehen, alle frischen Kräuter und den geschälten Zwiebel sehr fein hacken. Walnuss-Knoblauch-Mischung, Zwiebel und Kräuter in eine Schüssel geben, Essig, Pfefferoni und Salz beimengen und gut durchmischen. Die Konsistenz ist breiig-fest. Granatapfelkerne auslösen.
Melanzanischeiben mit der Kräuter-Nuss-Mischung reichlich (ca. 3 mm) bestreichen, Granatapfelkerne darauf streuen, Melanzani in der Hälfte einklappen, auf der Außenseite mit der Mischung dünn einstreichen, auf einen großen Teller legen und mit Granatapfelkernen garnieren.
Am besten erst am darauf folgenden Tag servieren, damit Kräuter und Gewürze über Nacht einziehen können.

Roter Paprika mit Walnüssen und Karotten
(für 4 Personen)

½ kg süße rote längliche Paprika
100 g Walnüsse
150 g Karotten (ca. 2 Stk)
200 g Zwiebel (2 Stk)
2 Knoblauchzehen
½ TL gemahlener Koriander
½ TL Khmeli-Suneli (siehe Nützliches & Wissenswertes)
50 ml Weißweinessig
100 ml Sonnenblumenöl
Salz und scharfer roter Pfefferoni

Paprika gut waschen, Kerngehäuse entfernen und in ca. 1 cm dicke Ringe schneiden. Essig und Öl gemeinsam in eine Pfanne geben und den Paprika darin bei mittlerer Hitze ca. 10 min braten. Paprika aus der Pfanne nehmen, abtropfen lassen. Den in der Zwischenzeit in Ringe geschnittenen Zwiebel in der gleichen Öl-Essig-Sauce goldbraun braten, herausnehmen und zum Paprika geben. Nun die grob geriebenen Karotten in der selben Pfanne ca. 5 min braten. Danach herausnehmen und abkühlen lassen.
Die Walnüsse gemeinsam mit den Knoblauchzehen durch den Fleischwolf drehen und mit den Gewürzen (Khmeli-Suneli, Pfeffer und Salz) mischen. Zunächst die abgekühlten Karotten mit der Walnuss-Gewürz-Mischung vermengen, danach den Paprika und den Zwiebel dazugeben und gut durchmischen.
Vor dem Servieren 1 Std im Kühlschrank ziehen lassen.

Als Variation kann der Paprika ohne Kerngehäuse im Ganzen gebraten und mit Karotten-Zwiebel-Walnuss-Mischung gefüllt werden.

Pchali aus grünen Bohnen
(für 8-10 Personen)

Alle Pchali-Sorten sind sehr beliebt, werden speziell für Tafeln zubereitet und als Vorspeise serviert.

3 kg grüne Bohnen
200 g Walnüsse
80 g frischer Koriander
70 g frische Petersilie
50 frisches oder 1 TL getrocknetes Bohnenkraut
1 Zwiebel
3 Knoblauchzehen
1-2 EL Essig
1 Prise Safran (siehe Nützliches & Wissenswertes)
½ TL Khmeli-Suneli (siehe Nützliches & Wissenswertes)
Salz und scharfer Pfefferoni

Bohnen gut waschen, obere und untere Enden entfernen, eventuell Fäden ziehen und in einem Topf bissfest kochen, danach in einem Sieb abseihen und, sobald die Bohnen abgekühlt sind, ausdrücken.
Während die Bohnen kochen, können die weiteren Vorbereitungen durchgeführt werden: Walnüsse, Knoblauch, Zwiebel und die Hälfte der frischen Kräuter durch den Fleischwolf drehen. In diese Masse Essig und Gewürze mischen. Der Zwiebel kann auch separat klein geschnitten und dazugegeben werden.
Die Bohnen, die restlichen fein gehackten Kräuter und die Walnussmasse in eine Schüssel geben und mit den Händen gut durchmischen. Mit Salz und Pfefferoni abschmecken.
Das Pchali ist nun fertig, wird auf einem Teller angerichtet und mit frischer Petersilie und eventuell Granatapfelkernen garniert.

Die Speise schmeckt noch besser, wenn sie einige Stunden im Kühlschrank kalt gestellt wird.
Statt der frischen können auch grüne Bohnen aus der Dose verwendet werden.

Pchali aus Porree
(für ca. 6 Personen)

1 kg grüner Porree
100 g Walnüsse
20 g frischer Koriander
1 Granatapfel
3 Knoblauchzehen
½ TL gemahlener Koriander
1 bis 2 EL Essig oder Granatapfelsaft (siehe Nützliches & Wissenswertes)
1 Prise Safran (siehe Nützliches & Wissenswertes)
½ TL Khmeli-Suneli (siehe Nützliches & Wissenswertes)
scharfer Pfefferoni, am besten frisch
Salz

Porree gut waschen – es ist immer Erde in den Innenteilen versteckt – und in einem Topf zum Kochen bringen. Sobald der Porree weich ist, herausnehmen und abkühlen lassen. Den abgekühlten Porree mit beiden Händen drücken, um die verbliebene Flüssigkeit zu entfernen, anschließend klein schneiden (ca. 1 cm).
Während der Porree kocht, können die weiteren Vorbereitungen durchgeführt werden: Walnüsse, Knoblauch und frischen Pfefferoni durch den Fleischwolf drehen. Dieser Masse Essig und Gewürze beimengen.
In einer Schüssel Porree, Walnuss-Gewürz-Mischung und fein gehackten Koriander durch intensives Kneten gut durchmischen. Mit Salz abschmecken.
Das Pchali ist nun fertig, wird auf einem Teller angerichtet und mit frischem Koriander und Granatapfelkernen garniert.

Variante: Den Porree nicht klein schneiden, sondern mit der Walnussmasse bestreichen und auf einem Teller in der Form eines Vogelnestes anrichten. Die Granatapfelkerne werden in dieses »Nest« hineingelegt. Bei dieser Variante braucht man die doppelte Menge an Zutaten für die Walnussmasse.
Die Speise schmeckt noch besser, wenn die Gewürze und Kräuter einige Stunden einziehen können.

Pchali aus Blattspinat
(für ca. 6 Personen)

1½ kg frischer Blattspinat
120 g Walnüsse
30 g frischer Koriander
30 g frische Petersilie
1 Granatapfel
2 Knoblauchzehen
100 g Zwiebel (1 Stk)
1 Jungzwiebel (auch grüne Teile)
½ TL gemahlener Koriander
1 EL Weinessig
scharfer roter Pfefferoni
Salz

Gut gewaschenen Spinat ca. 15 min in heißem Wasser kochen, danach in einem Sieb abtropfen und abkühlen lassen, ausdrücken. Auf einem Schneidbrett Spinatklumpen in würfelige Stücke (1 cm) schneiden.
Während der Spinat kocht, Walnüsse und Knoblauch durch den Fleischwolf drehen. In diese Masse Essig, gemahlenen Koriander, fein gehackte frische Kräuter, klein geschnittenen Zwiebel und Jungzwiebel dazugeben. In einer Schüssel den Spinat und die Walnuss-Gewürz-Mischung gut durchkneten. Mit Pfefferoni und Salz abschmecken.
Das Pchali auf einem Teller anrichten und mit Granatapfelkernen garnieren. Die Speise schmeckt besser, wenn die Gewürze und Kräuter einige Stunden im Kühlschrank einziehen können.

Tipp zum Anrichten: Aus dem Spinat 4 cm große Kugeln formen, oben mit dem Daumen eindrücken und die Granatapfelkerne in diese Delle füllen – das sieht einem Vogelnest ähnlich.
Variante: Vor dem Anrichten kann ca. die Hälfte der Granatapfelkerne unter das Pchali gemischt werden.

Pchali aus Blättern von Roten Rüben
(für 6 Personen)

1 kg Blätter von Roten Rüben
150 g Walnüsse
100 g Zwiebel
40 g frischer Koriander
20 g frische Dille
20 g frische Petersilie
3 Knoblauchzehen
½ TL gemahlener Koriander
1 EL Essig
scharfer Pfefferoni, am besten frisch
Salz

Rübenblätter gut waschen, in einem Topf mit ½ l Wasser weich kochen, herausnehmen und abkühlen lassen, danach ausdrücken. Die Rübenblätterklumpen würfelig schneiden (ca. 1 cm).
Während die Rübenblätter kochen, Walnüsse, Knoblauch und frischen Pfefferoni durch den Fleischwolf drehen. In diese Masse Essig mischen.
In einer Schüssel die klein geschnittenen Rübenblätter, die Walnussmischung und die fein gehackten frischen Kräuter durch intensives Kneten gut durchmischen. Mit Salz abschmecken.
Auf einem Anrichteteller mit frischem Koriander garnieren.

Die Speise schmeckt noch besser, wenn die Gewürze und Kräuter einige Stunden im Kühlschrank einziehen können.

Rote Bohnen mit Walnüssen und Porree
(für 2-3 Personen)

300 g rote Bohnen
2 Zwiebeln
1 Knoblauchzehe
80 g frischer Koriander
50 g frische Petersilie
3-4 frische Porreeblätter
2 EL Weinessig
3 EL geriebene Walnüsse
½ scharfer Pfefferoni (je nach Schärfe bis 1 Stk)
Salz

Bohnen gut waschen und in einem Topf mit Wasser zum Kochen bringen. Sobald sich Schaum bildet, Wasser wechseln und wiederum zum Kochen bringen. Das Wasser sollte die Bohnen dreifach bedecken. Weiterkochen, bis die Bohnen weich sind (1½-2 Std). Das Wasser sollte nicht komplett verdunsten, bei Bedarf ergänzen. Anschließend etwa zwei Drittel der Bohnen händisch (etwa mit einem Kartoffelstampfer) im Topf zerstampfen, danach die restlichen Bohnen dazugeben.
Zwiebel würfelig (ca. 3 mm), gut gewaschene Porreeblätter nudelig (3 mm) schneiden und gemeinsam mit den geriebenen Walnüssen, dem klein geschnittenen Pfefferoni, Essig und Salz in den Topf mit den Bohnen geben und ca. 10 min bei niedriger Hitze kochen. Mit einem Holzkochlöffel ab und zu umrühren. Zum Schluss fein gehackte frische Kräuter und gepressten Knoblauch beimengen und gut durchrühren.
Das Bohnengericht wird heiß in kleinen Schüsseln serviert.

Als Beilagen passen Sauerkraut, eingelegte Salzgurken und eingelegte scharfe Pfefferoni.
Als feste Beilage isst man dazu Mtsch'adi (Maisbrot, siehe Rezept S. 92) oder auch Polenta.

Rote Rüben mit Walnüssen
(für 5 Personen)

1 kg Rote Rüben
150 g Walnüsse
100 g Jungzwiebel (auch grüne Teile)
50 g frischer Koriander
20 g frische Dille
20 g frische Petersilie
3 Knoblauchzehen
½ TL gemahlener Koriander
1 EL Essig
scharfer Pfefferoni, am besten frisch
Salz

Rüben gut waschen, in einem Topf mit Wasser zum Kochen bringen. Sobald die Rüben weich sind, abkühlen lassen und schälen. Die Rüben reiben und in eine Schüssel geben.
Während die Rüben kochen, Walnüsse, Knoblauch und frischen Pfefferoni durch den Fleischwolf drehen und den Essig beimengen.
Die geriebenen Rüben, die Walnussmischung und die fein gehackten frischen Kräuter in einer Schüssel durch intensives Kneten gut durchmischen, mit Salz abschmecken.
Die Speise mit frischem Koriander oder Petersilie garniert auf einem Teller anrichten.

Die Roten Rüben können auch klein würfelig geschnitten werden. Die Speise schmeckt noch besser, wenn die Gewürze und Kräuter einige Stunden im Kühlschrank einziehen können.

Blattspinat mit Ei
(für 2 Personen)

½ kg Blattspinat
2 Eier
50 g frischer Koriander
30 g frische Petersilie
30 g frische Dille
1 Zwiebel
50 g Butterschmalz oder Butter
Salz und schwarzer Pfeffer

Gut gewaschenen Spinat ca. 15 min in heißem Wasser kochen, in einem Sieb abtropfen und abkühlen lassen, danach ausdrücken. Auf einem Schneidbrett die Spinatklumpen in würfelige Stücke (1 cm) schneiden.
Klein geschnittenen Zwiebel in Butter bei mittlerer Hitze braten, nach und nach den Spinat dazugeben, salzen, pfeffern sowie die fein gehackte frische Petersilie und den Koriander beimischen – Bratdauer ca. 15 min.
Eier in einer Schüssel aufschlagen und quirlen, die fein gehackte Dille dazugeben, in die Pfanne mit dem Spinat gießen, mit einem Löffel glatt streichen und in die Spinatschicht Löcher stechen, damit die Eimasse zum Pfannenboden kommt. Bei niedriger Hitze weiterbraten, bis die Eimasse fest ist.
Die Speise warm servieren.

Blattspinat mit Joghurt
(für 2 Personen)

½ kg Blattspinat
250 ml Joghurt
50 g frischer Koriander
¼ frischer Pfefferoni
2 Knoblauchzehen
70 ml Wasser
Salz

Joghurt in ein dünnes Stofftuch füllen und zum Abtropfen der Molke aufhängen. Nach ca. 2 Stunden in eine Schüssel geben, Wasser beimengen und mit dem Mixer gut durchmischen.
Gut gewaschenen Spinat ca. 15 min in Wasser kochen, danach in einem Sieb abtropfen, abkühlen lassen und ausdrücken. Auf einem Schneidbrett die Spinatklumpen in würfelige Teile (1 cm) schneiden. Spinat, fein gehackten Koriander und gepressten Knoblauch in einer Schüssel mischen, Joghurt unterrühren und mit Salz abschmecken.
Die Speise wird kalt serviert.

Wenn die Zeit knapp ist, kann man 200 ml normales Joghurt (3,6% Fett) verwenden.

Zucchini mit Mayonnaise

(für 4 Personen)

1 kg Zucchini (3 Stk)
30 g frischer Koriander
20 g frische Petersilie
4 Charlottenzwiebeln oder Jungzwiebel (grüne Teile, ca. 100 g)
ca. 50 ml Sonnenblumenöl
3 EL Salatmayonnaise
½ TL Khmeli-Suneli (siehe Nützliches & Wissenswertes)
1 Prise Safran (siehe Nützliches & Wissenswertes)
Salz

Zucchini gut waschen, schälen und in 1 cm dicke Scheiben schneiden. In einer Pfanne Sonnenblumenöl erhitzen und beidseitig leicht hellbraun anbraten. Nach dem Braten die Stücke abkühlen lassen.
In einer Schüssel fein gehackte frische Kräuter, Zwiebel, Mayonnaise, Khmeli-Suneli und gebratene Zucchinistücke gut durchmischen. Ca. 1 Std im Kühlschrank ziehen lassen und in einer Anrichteschüssel servieren.

In Georgien wird die helle, dicke Zucchini verwendet, die mittlerweile auch in Mitteleuropa erhältlich ist.
In Kombination mit Mtsch'adi (siehe Rezept S. 92) und grünem Salat ist das eine beliebte Sommerspeise.

Salate

Hühnersalat mit Granatapfel in Walnusssauce
(für 4 Personen)

2 Hühnerbrustfilets
1 Karotte
3 Jungzwiebeln (auch grüne Teile)
1 Granatapfel
1 Eissalat
100 g Walnüsse
50 g frischer Koriander
10 g frisches Basilikum
1 TL gemahlener Koriander
½ TL Safran (siehe Nützliches & Wissenswertes)
1 bis 2 EL Rotweinessig
50 ml Wasser oder Hühnerbouillon
roter Pfefferoni
Salz

Hühnerbrustfilets kochen, abkühlen lassen und in ca. 4 cm lange, ca. 0,5 cm dünne Stücke schneiden. Ca. 100 ml Hühnerbouillon für die weitere Verwendung abkühlen.

Walnusssauce:
Die Walnüsse durch den Fleischwolf drehen und mit gemahlenem Koriander, Safran, Weinessig und der Hühnerbouillon (bzw. Wasser) gut vermischen.
Frischen Koriander, Basilikum und Jungzwiebel fein hacken und gemeinsam mit dem nudelig geschnittenen Eissalat in eine Salatschüssel geben. Die Hühnerstücke, eine geriebene Karotte und die Walnusssauce dazumischen. Granatapfelkerne darüber streuen und servieren.

Vom Jungzwiebel sollten insbesondere die grünen Teile verwendet werden.
Falls der Salat zu trocken ist, vorsichtig etwas Hühnerbouillon zugeben.

Krautsalat
(für 5 Personen)

400 g Weißkraut
200 g frische Gurken
100 g Karotten (2 Stk)
100 g Radieschen (5 Stk)
100 g Jungzwiebel (auch grüne Teile)
20 g frischer Koriander
40 g frische Dille
30 g frische Petersilie
3 EL Mayonnaise
2-3 EL Sauerrahm
1 Knoblauchzehe
Salz und schwarzer Pfeffer

Kraut gut waschen, nudelig schneiden, in eine Schüssel geben und gekochtes Wasser darüber gießen, 15 min stehen lassen. Danach abseihen, abkühlen lassen und mit der Hand ausdrücken. Die Gurken waschen, schälen (bei jungen Gurken nicht notwendig), würfelig schneiden, Radieschen entweder halbiert oder geviertelt in sehr dünne Scheiben schneiden und alle Zutaten gemeinsam mit den fein gehackten Kräutern in der Salatschüssel vermischen. Mayonnaise, Sauerrahm und gepressten Knoblauch gut abrühren und zum Krautsalat geben. Mit Salz und Pfeffer abschmecken.

Zusätzlich können 2 klein geschnittene hart gekochte Eier in den Salat gegeben werden.

Melanzanisalat
(für 4-5 Personen)

3 Melanzani (ca. 1 kg)
50 g frischer Koriander
50 g frische Petersilie
20 g frisches Basilikum
3 Knoblauchzehen
6 Charlottenzwiebeln oder 2 Jungzwiebeln (nur grüne Teile)
½ kg Rispentomaten
2 rote Paprika
Salz
ca. 100 ml Sonnenblumenöl

Melanzani gut waschen und ungeschält in ca. 1 cm starke Scheiben schneiden, gut salzen, ziehen lassen, durch kräftiges Drücken zwischen den Handballen die Restflüssigkeit aus den Melanzanischeiben pressen, in einer Pfanne Öl erhitzen und braten. Gebratene Melanzanischeiben abtropfen und abkühlen lassen. Anschließend Zwiebel in dünne Scheiben schneiden und ebenfalls leicht anbraten (bei Jungzwiebel entfällt das Anbraten).
Paprika und Rispentomaten in Scheiben schneiden, danach die frischen Kräuter fein hacken, Knoblauch pressen.
Auf einem Anrichteteller folgendermaßen auflegen:
1. Melanzani, auf einer Seite mit gepresstem Knoblauch bestrichen (nicht zu viel)
2. Zwiebelscheiben
3. Tomaten
4. frische Kräuter
5. Paprika

Dazu Weißbrot servieren.
Der Salat eignet sich ausgezeichnet als Beilage für Fleischgerichte.
Statt in Schichten angerichtet können alle Zutaten in einer Salatschüssel vermengt werden. Hier empfiehlt sich die Verwendung von halbierten Cherry-Tomaten.

Rote-Rüben-Salat mit Kornelkirschen
(für 5 Personen)

1 kg Rote Rüben
150 g getrocknete oder 200 g frische Kornelkirschen
100 g Zwiebel
50 g frischer Koriander
40 g frische Petersilie
2 Knoblauchzehen
1 EL Apfelessig
scharfer gemahlener Pfefferoni
Salz

Rüben gut waschen, in einem Topf mit Wasser zum Kochen bringen. Sobald die Rüben weich sind, abkühlen lassen und schälen. Rüben in möglichst dünne Scheiben schneiden und in eine Schüssel geben.
Während die Rüben kochen, die Kornelkirschen in einem separaten Topf mit Wasser kochen, bis sie weich sind, danach abkühlen lassen. Die Kirschen durch ein Sieb passieren. Alle frischen Kräuter fein hacken, den Knoblauch pressen, den Essig mit Salz und Pfefferoni würzen und mit der Kornelkirschensauce mischen. Die Konsistenz sollte breiig sein. Falls die Sauce zu trocken ist, mit etwas Wasser verdünnen.
Die Sauce über die Roten Rüben gießen und vorsichtig mischen.
Auf einem großen Teller anrichten.

Der Salat schmeckt noch besser, wenn er einige Stunden im Kühlschrank ziehen kann.

Rote-Rüben-Salat mit Kartoffeln
(für 5 Personen)

300 g Rote Rüben (2 Stk)
½ kg Kartoffeln (ca. 5 Stk)
70 g Jungzwiebel (auch grüne Teile)
30 g frischer Koriander
30 g frische Petersilie
40 g frische Dille
2 Eier
3-4 EL Mayonnaise
1 EL Olivenöl
Salz und schwarzer Pfeffer

Rüben und Kartoffeln gut waschen, in einem Topf mit Wasser kochen. Sobald die Kartoffeln weich sind, aus dem Kochwasser nehmen, abkühlen lassen, schälen und klein würfelig schneiden. Die weich gekochten Rüben ebenfalls abkühlen lassen und schälen. Die Hälfte der Rüben grob reiben, die andere Hälfte klein würfelig schneiden und in eine Schüssel geben.
Alle frischen Kräuter fein hacken, unter die geschnittenen Kartoffeln und die Rüben mischen, mit Salz und Pfeffer abschmecken. Danach Mayonnaise und Öl dazugeben. Eventuell nochmals mit Salz und Pfeffer abschmecken.

Der Salat schmeckt noch besser, wenn er ca. 1 Stunde im Kühlschrank ziehen kann.

Spargelsalat
(für 5 Personen)

Eine wohlschmeckende, ungewöhnliche Kombination und eine ausgesprochene Frühlingsspeise. Sie können mit diesem Salat Ihre Gäste sicher beeindrucken.

½ kg grüner Spargel
400 g grüne saure, eventuell unreife Weintrauben
30 g frischer Koriander
1-2 Knoblauchzehen
1 frischer roter oder gemahlener Pfefferoni
Salz

Spargel gut waschen, die harten, holzigen Teile entfernen und ungeschält in einem Topf mit heißem Wasser ca. 5 min bei mittlerer Hitze kochen. Herausnehmen, kalt abschrecken und je nach Spargellänge in zwei oder drei Teile schneiden.
Trauben waschen, mit einer Obst- oder Kartoffelpresse auspressen und den Saft in einer Schüssel auffangen. Knoblauch schälen und dazupressen, frischen Koriander fein hacken und untermischen, mit Salz und klein geschnittenem Pfefferoni abschmecken.
Den Spargel mit der Traubensauce übergießen und servieren.

Der Salat eignet sich als Vorspeise oder als Beilage zu Fisch oder Geflügel.

Tomaten-Gurken-Salat
(für 5 Personen)

7 mittelgroße, reife Tomaten (ca. 1 kg)
4 kleine Gurken
40 g frischer Koriander
40 g frische Petersilie
40 g frisches rotes Basilikum
2 Knoblauchzehen
6 Charlottenzwiebeln
1 frischer roter oder grüner Pfefferoni
2 EL guter Rotweinessig
100 ml Sonnenblumenöl
Salz

Tomaten gut waschen und in Scheiben (ca. 1 cm) oder Spalten schneiden. Gurken in dünne Scheiben schneiden, eventuell schälen, falls die Haut zu dick ist. Zwiebel schälen, in Ringe schneiden, alle frischen Kräuter und Pfefferoni und Knoblauch fein hacken.
In einer Schüssel alle Zutaten zusammenmischen, salzen, Öl und Essig dazugeben, nochmals gut durchmischen, mit Salz abschmecken und servieren.

Unbedingt rotes Basilikum verwenden.

Tomatensalat mit Ei und Walnüssen
(für 4-5 Personen)

400 g reife Tomaten
3 hart gekochte Eier
80 g Walnüsse
20 g frische Petersilie
20 g frischer Koriander
20 g frische Dille
100 g Charlottenzwiebel oder 1 Jungzwiebel (auch grüne Teile)
1 Knoblauchzehe
1 EL Weinessig
½ frischer scharfer roter oder grüner Pfefferoni
40-50 ml Wasser
Salz

Tomaten gut waschen, in Scheiben schneiden. Hart gekochte Eier ebenfalls in Scheiben schneiden. Walnüsse, geschälten Knoblauch und Pfefferoni durch den Fleischwolf drehen, Essig und Wasser dazugeben, gut vermischen und mit Salz abschmecken. Die Nuss-Gewürz-Mischung sollte breiige Konsistenz haben.
Tomaten, Eier und in Ringe geschnittenen Zwiebel in eine Salatschüssel geben, die Walnusssauce darüber gießen, vorsichtig durchmischen, zum Abschluss die fein gehackten Kräuter darüber streuen und servieren.

Tomatensalat mit Walnüssen
(für 4-5 Personen)

½ kg reife Tomaten
100 g Walnüsse
20 g frische Petersilie
20 g frisches rotes Basilikum
20 g frische Dille
100 g Charlottenzwiebel oder 1 Jungzwiebel (auch grüne Teile)
2 Knoblauchzehen
½ TL gemahlener Koriander
½ frischer scharfer roter oder grüner Pfefferoni
1 Messerspitze Safran (siehe Nützliches & Wissenswertes)
Salz

Tomaten gut waschen, würfelig schneiden und in eine Salatschüssel geben. Alle frischen Kräuter und Zwiebel fein hacken und dazumischen. Walnüsse, geschälten Knoblauch und Pfefferoni durch den Fleischwolf drehen oder im Mörser zerstampfen, in einer separaten kleinen Schüssel Koriander und Safran gut vermischen und über die Tomaten geben. Alle Zutaten gut durchmischen. Mit Salz abschmecken und servieren.

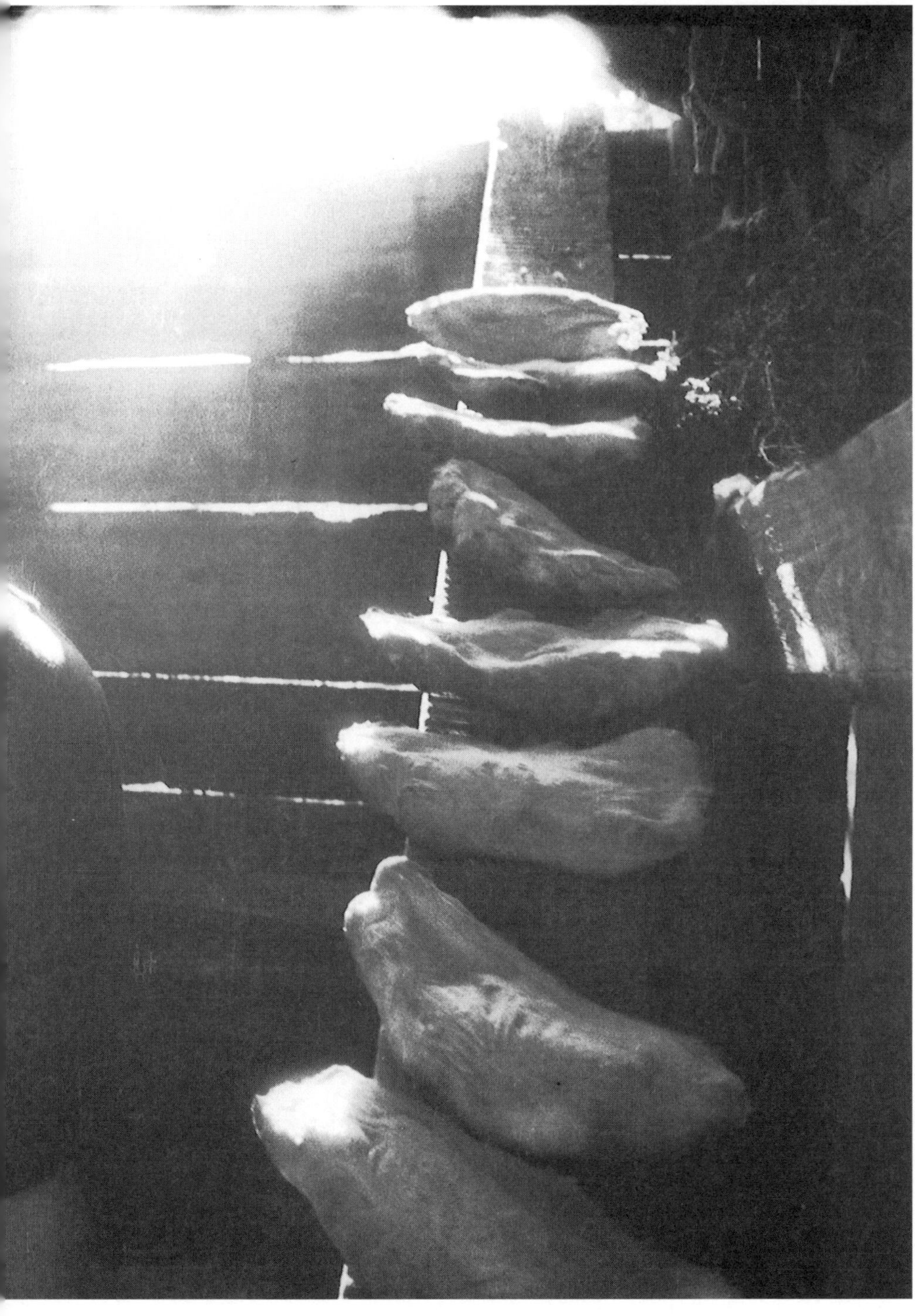

Teiggerichte

Fleischpalatschinken
(für 10 Personen)

Diese Speise ist eine beliebte Vorspeise bei Festen und auch geeignet für den kleinen Hunger zwischendurch. Sie wird vor der endgültigen Zubereitung 1-2 Tage im Kühlschrank gelagert.

Teig:
350 g Mehl
1 l Wasser
10 Eier

Fülle:
2 kg Rindfleisch (Bein- oder Schulterfleisch)
½ kg Zwiebel
1 Knoblauchknolle
10 g Stangensellerie (nur Blätter)
10 g frische Petersilie
10 g frische Dille
10 g frischer Koriander
1 Lorbeerblatt
Wasser
100 g Butter, weitere 100 g Butter zum Braten
Salz und schwarzer Pfeffer

Fülle: Rindfleisch gut waschen, in einen Topf legen und mit Wasser bedecken. Geschälten Knoblauch und alle frischen Kräuter mit einem Faden zusammenbinden, in den Topf geben und auf mittlerer Hitze kochen, bis das Fleisch gar ist, entstehenden Schaum abschöpfen. Fleisch herausnehmen, abkühlen lassen und gemeinsam mit dem geschälten Zwiebel durch den Fleischwolf drehen. Das faschierte Fleisch in einer Pfanne mit Butter bei mittlerer Hitze ca. 10 min braten und dabei ca. 1 Schöpfer Bouillon zugießen. Mit Salz und Pfeffer abschmecken und von Herd nehmen.

Teig: Eier in einer Schüssel verquirlen, nach und nach Mehl und Wasser zugeben, bis der Teig dünnflüssig ist. Palatschinkenpfanne sehr heiß werden lassen und mit wenig Öl sehr dünne Palatschinken backen. Die Pfanne dabei schräg über die Teigschüssel halten, um den überflüssigen Teig abrinnen zu lassen. Die Palatschinken werden nur einseitig gebacken, also *nicht* gewendet und sollten dünn wie Papier werden.

Das Füllen der Palatschinken erfolgt nach dem Kuvertverfahren: 1 EL Fülle in die Mitte der Palatschinke geben, drei Seiten einklappen und einrollen. Die fertige Palatschinke sollte ca. 10 cm lang und 2-2,5 cm dick sein. Die Palatschinken vor dem Servieren in Butter auf allen Seiten knusprig anbraten.

Ghweseli – Estragon in Teig
(für 6-7 Personen)

Teig:
200 g Butter
2 Eier
200 ml Sauerrahm
½ kg Weizenmehl
1 TL Backpulver
1 EL Zucker
1 Prise Salz
1 Eigelb zum Bestreichen

Fülle:
200 g Estragon
150 g Jungzwiebel (nur grüne Teile)
5 hart gekochte Eier
100 g Butter
Salz und schwarzer Pfeffer

Teig: Butter vorsichtig bei sehr niedriger Hitze schmelzen, abkühlen lassen. In einer Schüssel Sauerrahm und 2 Eier gut vermischen. Die zerlassene Butter, Salz und Zucker dazugeben. Mit einem Holzlöffel Mehl und Backpulver vorsichtig untermischen, mit einem Geschirrtuch abdecken und im Kühlschrank 2 Std ziehen lassen.

Fülle: Hart gekochte Eier klein würfelig schneiden. Estragon (Achtung: Die harten Stängelteile unbedingt entfernen!) und Jungzwiebel gut waschen, klein schneiden und in einer Pfanne mit Butter bei niedriger Hitze unter ständigem Rühren 1-2 min anbraten. Danach vom Herd nehmen und Eier, reichlich schwarzen Pfeffer sowie Salz dazumischen.

Den Teig in zwei Hälften teilen, eine Hälfte in Backblechgröße ausrollen und vorsichtig auf ein mit Backpapier bedecktes Backblech legen. Die Fülle gleichmäßig auf dem Teig verteilen. Danach die andere Teighälfte ausrollen und über die Fülle legen. Die obere mit der unteren Teighälfte an den Rändern gut zusammendrücken, Eigelb mit einem Pinsel auf den Teig streichen. Backrohr auf 200 Grad vorheizen und Ghweseli ca. 30-40 min backen. Ghweseli schmeckt warm sehr gut, kann aber auch kalt serviert werden.

Khatschap'uri – Georgischer Käsekuchen
(6 Stk)

Khatschap'uri ist eine Nationalspeise ersten Ranges und am ehesten mit einem Käsekuchen vergleichbar. In jeder Region wird Khatschap'uri in einer speziellen Variation zubereitet.

½ l Joghurt
1 kg Weizenmehl
50 g Butter
100 ml Milch oder Wasser
4 Eier
1 kg Frischkäse (statt traditionellem georgischem Käse kann türkischer Gazi- oder auch Feta-Käse mit 55% Fettanteil, eventuell mit Mozzarella gemischt, verwendet werden)
½ TL Speisesoda
1 Prise Salz

Teig: 2 Eier in einer Schüssel verquirlen und das gesamte Joghurt darunter mischen. Die Milch und ca. 800-900 g Mehl dazugeben und kneten, bis der Teig nicht mehr klebt. Anschließend Speisesoda und Salz beimengen, wiederum gut kneten. Den Teig aus der Schüssel nehmen und mit aller Kraft insgesamt dreimal aufschlagen. Danach in den Kühlschrank stellen.

Fülle: Der Frischkäse wird zunächst von der Molke befreit, indem man ihn gut ausdrückt. Den Käse in eine Schüssel legen, 2 Eier dazugeben und mit der Hand gut durchmischen.

Auf eine Unterlage (Holzbrett) wird Mehl gestreut, damit der Teig nicht klebt. Eine Teigkugel in der Größe eines mittleren Apfels flach auf die Unterlage drücken, bis zu einem Durchmesser von ca. 15 cm. Ungefähr 3 EL Fülle in die Mitte des Teigkreises setzen, den Teig an den Rändern fassen und um die Fülle legen. Durch leichtes Kneten wird der Teig geschlossen. Danach mit der Hand bis zu einer Höhe von 1 cm flach pressen.
Die Teigfladen in Butter auf beiden Seiten bei mittlerer Hitze braten, bis sie goldgelb sind.
Khatschap'uri wird heiß serviert.

Khatschap'uri aus Blätterteig
(2 Backbleche)

Bei Tafeln mit vielen Gästen ist Khatschap'uri eine beliebte und einfach zu bereitende Speise, vorausgesetzt man verwendet fertigen Blätterteig.

Zutaten für 2 Backbleche:
4 Stück guter, fertiger Blätterteig
40 g Butter
1 Ei

Fülle:
2 Eier
800 g Frischkäse (Feta- oder Gazi-Käse)
200 g Mozzarella

Der Frischkäse wird zunächst von der Molke befreit, indem man ihn gut ausdrückt. In einer Schüssel den Käse und 2 Eier mit der Hand durchmischen.
Backpapier auf ein Backblech legen, ein Teigblatt auflegen, die Hälfte der Fülle gleichmäßig darauf verteilen. Zweites Teigblatt vorsichtig über die Fülle legen. Oberes und unteres Teigblatt an den Rändern gut zusammendrücken. Oberseite mit Eigelb bestreichen, mit einer Gabel mehrmals anstechen und im vorgeheizten Backrohr bei 180 Grad ca. 20 min backen. Danach herausnehmen und mit 20 g Butter bestreichen.
Khatschap'uri in Portionen schneiden und heiß servieren.

Lobiani – Germteig mit Bohnen gefüllt
(7 Stk)

In Kartli (Ostgeorgien) wird dieser mit Bohnen gefüllte Teig mit frischen Kräutern gemischt. In der Region Ratsch'a bereitet man ihn ohne Kräuter, dafür aber mit Öl oder Schweineschmalz zu.

Germteig:
1 kg Weizenmehl
60 ml Sonnenblumenöl
ca. 600 ml Wasser
1 EL Staubzucker
1 EL Salz
30 g Germ

Fülle:
½ kg rote oder weiße Bohnen
150 g Butter
ca. ½ EL Salz

Der Teig ist ein gewöhnlicher Germteig.

Fülle: Bohnen gut waschen und in einem Topf mit Wasser zum Kochen bringen. Sobald sich Schaum bildet, abschöpfen, frisches Wasser hinzufügen und weiterkochen, bis die Bohnen weich sind (1½-2 Std). Das Wasser sollte die Bohnen dreifach überdecken und während der Kochzeit nicht komplett verdunsten, bei Bedarf Wasser ergänzen. Bohnen nach dem Kochen in einem Sieb abkühlen lassen, das Kochwasser für eine spätere Verwendung aufheben. Abgekühlte Bohnen durch den Fleischwolf drehen, in einer Schüssel mit weicher Butter vermischen und mit Salz abschmecken – die Masse sollte nicht süßlich-mild schmecken.
An der Oberfläche der aufgefangenen Flüssigkeit hat sich ein dünnflüssiger Film gebildet. Diesen abschöpfen, von der unteren, dickeren Schicht 2-3 EL zu der Bohnenmasse geben und gut durchmischen.

Auf eine Unterlage (Holzbrett) wird Mehl gestreut, damit der Teig nicht klebt. Eine Teigkugel in der Größe einer mittleren Orange wird flach auf die Unterlage gedrückt, bis zu einem Durchmesser von ca. 15-20 cm. Ungefähr 3 EL Fülle in die Mitte des Teigkreises setzen, der Teig an den Rändern fassen und um die Fülle legen. Durch leichtes Kneten wird der Teig geschlossen. Danach mit der Hand bis zu einer Höhe von ca. 1,5 cm flachpressen. Dabei mehrmals in Mehl wenden und eventuell mit dem Nudelholz nachhelfen. In eine heiße Pfanne Mehl streuen und den Teigfladen bei mittlerer Hitze auf

einer Seite goldgelb braten. Danach aus der Pfanne nehmen, mit einer Serviette die Pfanne vom alten Mehl säubern und neues Mehl einstreuen. Die andere Seite des Fladens goldgelb braten. Aus der Pfanne nehmen und im heißen Zustand mit etwas Butter bestreichen.
Lobiani wird heiß oder kalt serviert.

Mchlowani – Blätter von Roten Rüben mit Käse
(6 Stück)

Fülle:
700 g Blätter von Roten Rüben
40 g frischer Koriander
20 g frische Dille
1 Jungzwiebel (nur grüne Teile)
½ kg Frischkäse (Gazi, Feta, Mozzarella)

Teig:
½ l Joghurt
1 kg Weizenmehl
50 g Butter
100 ml Milch
2 Eier
½ TL Speisesoda
½ EL Salz

Teig: 2 Eier in einer Schüssel verquirlen und das gesamte Joghurt darunter mischen. Die Milch, Salz und ca. 800-900 g Mehl dazugeben und kneten, bis der Teig nicht mehr klebt. Anschließend Speisesoda beimengen und gut in den Teig kneten. Den Teig aus der Schüssel nehmen und mit aller Kraft insgesamt dreimal aufschlagen. Danach für ca. 3 Std in den Kühlschrank stellen.

Fülle: Rübenblätter waschen, falls die Stängel hart sind, entfernen, klein schneiden (ca. 1 cm), in eine Schüssel geben. Achtung: Falls sich Wasser zwischen den Blättern befindet, Rübenblätter ausdrücken. Käse dazugeben und mit den Händen sehr gut durchmischen. Frische Kräuter und grünen Teil des Jungzwiebels klein scheiden und untermischen.

Auf eine Unterlage (Holzbrett) wird Mehl gestreut, damit der Teig nicht klebt. Eine Teigkugel in der Größe eines mittleren Apfels flach auf die Unterlage drücken bis zu einem Durchmesser von ca. 15 cm. Ungefähr 3 EL Fülle in die Mitte des Teigkreises setzen, den Teig an den Rändern fassen und um die Fülle legen. Durch leichtes Kneten wird der Teig geschlossen. Danach mit der Hand bis zu einer Höhe von höchstens 1,5 cm flachpressen, dabei mehrmals in Mehl wenden. Den Teigfladen in einer heißen Pfanne mit ca. 1 Teelöffel Butter bei mittlerer Hitze beidseitig goldgelb braten. Mchlowani wird heiß serviert.

Statt der Blätter der Roten Rüben können Spinat, junges Weißkraut oder Sauerampfer verwendet werden.
Man kann auch normalen Germteig verwenden.

Elardschi – Polenta mit Käse
(für 6 Personen)

200 g grobkörnige Polenta (Maisgrieß)
½ kg Frischkäse (Suluguni bzw. Haloumi)
1,1 l Wasser
1 EL Maismehl

Grieß lang und gut waschen, in einem Topf mit Wasser bei mittlerer Hitze zum Kochen bringen. Nach dem Aufkochen Hitze reduzieren und ca. 40 min kochen. Dabei sehr oft umrühren, um ein Ankleben zu vermeiden. Das Maismehl dazugeben, Herdplatte auf kleinste Stufe stellen und weitere 20 min kochen, gelegentlich umrühren. Danach vom Herd nehmen, in dünne Scheiben geschnittenen Käse darunter mischen, wieder auf den Herd stellen und weitere 15 min bei schwacher Hitze unter ständigem Rühren mit einem flachen Holzkochlöffel köcheln lassen.
Elardschi wird heiß serviert.

Man serviert Elardschi auf kleinen Tellern. In Georgien ist die für dieses Rezept beliebteste Käsesorte Suluguni – ein weicher Kuhkäse. Dieser Käse kann durch zypriotischen Haloumi ersetzt werden.
Elardschi wird zu Saziwi (siehe Rezept S. 139), Basche (siehe Rezept S. 122), gebratenem Huhn und Tomaten-Gurken-Salat gegessen.

Beilagen

Gefüllte Eier mit Dille

Dieses Rezept ist als Vorspeise, Beilage oder für den kleinen Hunger sehr gut geeignet.

4 hart gekochte Eier
4 Büschel frische Dille
50 g Zwiebel (1 Stk, klein)
100 g Sauerrahm
1 EL Sonnenblumenöl
Salz und schwarzer Pfeffer

Hart gekochte Eier schälen, der Länge nach halbieren, Eigelb herausnehmen und in eine kleine Schüssel geben.

Fülle: Zwiebel schälen, sehr klein schneiden und in etwas Öl goldgelb braten. Dille gut waschen, fein hacken, gemeinsam mit dem Zwiebel zum Eigelb geben, mit einer Gabel gut durchmischen und mit Salz und Pfeffer abschmecken.

Die Eiweißhälften auf einen Anrichteteller legen, die Fülle an den Platz des Eigelbs geben, pro Hälfte mit 1 TL Sauerrahm garnieren und servieren.

Falls etwas Dille übrig ist, kann sie über die gefüllten Eier gestreut werden.

Gefüllte Eier mit Minze

Dieses Rezept ist als Vorspeise oder für den kleinen Hunger sehr gut geeignet.

4 hart gekochte Eier
3 Büschel frische Minze
200 g Sauerrahm
Salz und schwarzer Pfeffer

Hart gekochte Eier schälen, der Länge nach halbieren, Eigelb herausnehmen und in eine kleine Schüssel geben.

Fülle: 4 TL Sauerrahm zum Eigelb geben, Minzeblätter vom Stängel lösen, gut waschen, sehr klein schneiden, alle Zutaten mit einer Gabel durchmischen, mit Salz und Pfeffer abschmecken.

Die Eiweißhälften auf einen Teller legen, die Fülle an den Platz des Eigelbs geben, pro Hälfte mit 1 TL Sauerrahm garnieren und servieren.

Besonders im Frühling kann statt Minze Estragon verwendet werden.

Ghomi – Polenta

(für 6 Personen)

½ kg grobkörnige Polenta (Maisgrieß)
1,8 l Wasser
3 EL Maismehl

Grieß lang und gut waschen, in einem Topf mit Wasser bei mittlerer Hitze zum Kochen bringen. Nach dem Aufkochen die Hitze reduzieren und ca. 20 min kochen lassen. Dabei sehr oft umrühren, damit sich die Polenta nicht anlegt. Das Maismehl dazugeben, Herdplatte auf kleinste Stufe stellen, durchmischen und weitere 20 min kochen, gelegentlich umrühren. Danach zudecken und weitere 30-40 min auf niedriger Stufe köcheln lassen.
Ghomi wird heiß serviert.

Man serviert Ghomi auf kleinen Tellern und steckt in dünne Scheiben geschnittenen Räucherkäse oder auch Frischkäse in die Polenta. In Georgien ist die dafür beliebteste Käsesorte Suluguni – ein weicher Kuhkäse.

Gebratene Kartoffeln mit Dille
(für 4 Personen)

1½ kg Kartoffeln
60 g frische Dille
100 g Butter
1-2 Knoblauchzehen
Salz

Kartoffeln schälen, waschen, ähnlich Pommes frites in längliche Stücke schneiden.
In einer heißen Pfanne Butter zerlassen und die Kartoffeln bei mittlerer Hitze braten, bis sie goldgelb sind. Danach vom Herd nehmen, salzen, den Knoblauch schälen und pressen, die Dille fein hacken und beides zu den Kartoffeln in die Pfanne geben. Falls die Kartoffeln trocken sind, etwas Butter dazugeben.
Die Beilage wird warm serviert.

Heurige (Frühkartoffeln): Die Kartoffeln zuerst gar kochen, schälen und in Scheiben schneiden, in Butter leicht anbraten und danach Knoblauch und Dille dazugeben.
Knoblauch kann auch weggelassen werden.
Statt Dille und Knoblauch können auch Basilikum und Knoblauch kombiniert werden. Statt der Butter verwendet man in diesem Fall Olivenöl.

Kartoffeln gefüllt mit Pilzen

(für 4 Personen)

1 kg Kartoffeln (schöne, runde, gleichmäßig faustgroße Sorte)
150 g Zwiebel (2 Stk)
250 g Champignons
20 g frischer Koriander
100 g Butter oder 100 ml Sonnenblumenöl
Salz und schwarzer Pfeffer

Kartoffeln waschen, kochen, abkühlen lassen, nicht schälen, halbieren und mit einem Messer das Innere vorsichtig herausschneiden – der verbleibende Seitenrand ist ca. 0,5 cm stark.

Fülle: Zwiebel sehr klein schneiden, in einer Pfanne anrösten. Sobald er glasig ist, klein (ca. 1 cm) geschnittene Champignons dazumischen und fertig braten. Vom Herd nehmen, Salz und schwarzen Pfeffer, fein gehackten Koriander und 1 EL vom Kartoffelinneren dazugeben und gut durchmischen.

Kartoffeln füllen, in einer heißen Pfanne mit zerlassener Butter oder Öl von allen Seiten anbraten und heiß servieren. Eine Schüssel mit Sauerrahm zur freien Entnahme auf den Tisch stellen.

Diese Beilage passt sehr gut zu gebratenem Geflügel und Fleisch.

Kartoffellaibchen
(für 4 Personen)

½ kg Kartoffeln
80 g Zwiebel (1 Stk)
50 g Walnüsse
½ TL gemahlener Koriander
1 Ei
1 Knoblauchzehe
100 ml Wasser
50 g Butter oder 3 EL Sonnenblumenöl
gemahlener scharfer roter Pfefferoni
Salz

Kartoffeln schälen, kurz abspülen, in kleine Würfel schneiden, in Wasser weich kochen und anschließend pürieren. In das Püree klein geschnittenen Zwiebel, durch den Fleischwolf gedrehte Walnüsse, Ei, Koriander, die gepresste Knoblauchzehe, Pfefferoni und Salz geben und gut durchkneten. Aus dieser Mischung Laibchen (rund oder oval) formen, in Mehl oder Semmelbröseln wälzen und in Butter oder Öl bei mittlerer Hitze auf beiden Seiten braten.
Die Beilage wird auf einem großen Teller angerichtet und heiß serviert.

Eventuell mit fein gehackter Petersilie dekorieren.

Mtsch'adi – Maismehlbrötchen
(5 Stk)

In Öl gebratenes oder im Backrohr gebackenes Maisbrot, als Beilage beliebt.

300 g sehr feine Polenta
300 ml Wasser
ca. 50 ml Sonnenblumenöl

Mehl und Wasser in einer Schüssel mit der Hand gut durchkneten und ovale, flache (ca. 10 cm lange, 4 cm breite) Laibchen formen. Den Pfannenboden mit Sonnenblumenöl bedecken, die Laibchen vorsichtig in die Pfanne legen, zudecken und bei mittlerer Hitze auf beiden Seiten goldbraun braten. Während der letzten 3 min Backzeit den Deckel entfernen, damit die Laibchen knusprig werden.
Mtsch'adi sollte warm serviert und gegessen werden.

Das Mtsch'adi-Stück kann mit Käse (Gazi-Käse, geräucherter Käse) gefüllt werden, solange es heiß ist. Man schneidet das Laibchen an der Seite auf und legt den Käse hinein.
Man kann die Laibchen auch ohne Fett im Backrohr backen.

Q'aurma aus Kartoffeln
(für 4 Personen)

½ kg Kartoffeln
200 g Zwiebel (3 Stk)
10 g frischer Koriander
2 Eier
150 ml Wasser
50 g Butter
Salz

Klein geschnittenen Zwiebel in einem Topf mit Butter glasig braten. Geschälte Kartoffeln klein würfelig (ca 1,5 cm) schneiden, Wasser dazugeben, zudecken und ca. 10 min dünsten. Danach fein gehackten Koriander und Salz dazugeben und weitere 5 min bei niedriger Hitze zugedeckt garen. Ab und zu umrühren, um ein Anbrennen zu vermeiden.
Eier mit einer Gabel verquirlen, salzen, in den Topf zu den Kartoffeln geben und ca. 2 min braten, bis die Eier fest sind.
Die Beilage wird heiß serviert.

Reis mit Gemüse und Kümmel
(für 4-5 Personen)

400 g Reis (Basmati)
2 Karotten
1 TL Kümmel
100 g Champignons
100 g Zwiebel (1 Stk)
70 g Butter oder 50 ml Oliven-, Mais-, Sonnenblumenöl
Salz und schwarzer Pfeffer

Reis waschen, bis das Wasser klar bleibt, danach in der doppelten Menge Wasser bei niedriger Hitze mit etwas Salz kochen, bis das Wasser verdunstet ist (ca. 20 min).
Karotten waschen und klein würfelig schneiden, Champignons vierteln, Zwiebel schälen und klein schneiden. In einer Pfanne Butter schmelzen, Zwiebel glasig anbraten, danach Champignons und Karotten hinzufügen und bissfest braten. Zum Abschluss mit Pfeffer, Salz und Kümmel würzen, umrühren und abschalten. Das Gemüse unter den Reis mischen, den Reistopf mit einem dicken Frotteetuch umwickeln und ca. 1 Std ziehen lassen.
Diese Beilage wird warm serviert.

Diese Beilage passt sehr gut zu Lammbraten.

Blattspinat mit frischen Kräutern
(für 3 Personen)

Diese Beilage passt sehr gut zu gedünstetem und gebratenem Fisch oder Geflügel.

1 kg Blattspinat
50 g frischer Koriander
30 g frische Petersilie
2 Zwiebeln
1 Jungzwiebel (nur grüne Teile)
50 g Sonnenblumenöl
Salz und schwarzer Pfeffer

Gut gewaschenen Spinat ca. 15 min in heißem Wasser kochen, danach in einem Sieb abtropfen und abkühlen lassen. Den Spinat händisch ausdrücken. Auf einem Schneidbrett die faustgroßen Spinatklumpen in würfelige Stücke (1 cm) schneiden.
Klein geschnittenen Zwiebel in Öl bei mittlerer Hitze braten und nach und nach den Spinat dazugeben, grünen Jungzwiebel, frische Petersilie und Koriander fein hacken, beimischen und mit Salz und Pfeffer abschmecken – Bratdauer ca. 15 min, 10 min davon zugedeckt, danach offen bei niedriger Hitze. Gelegentlich umrühren.
Die Speise warm oder kalt servieren.

Fisch

Barbe gefüllt
(für 4 Personen)

Eine ungewöhnliche, raffinierte Kombination von Fisch, Zimt, Nüssen und Granatapfel.

1 kg Rote Meerbarbe
1 Zwiebel
5 EL durch den Fleischwolf gedrehte Walnüsse
1 Granatapfel
¼ TL gemahlener Zimt
5 gemahlene Gewürznelken
4 EL Sonnenblumenöl oder Butter
1 TL Mehl
scharfer roter Pfeffer und Salz

Die Barben entschuppen, putzen und gründlich waschen. Danach salzen und ca. ½ Stunde ziehen lassen. In dieser Zeit wird die Fülle bereitet.

Fülle: Die Granatapfelkerne vorsichtig aus den Schalen lösen, mit dem fein gehackten Zwiebel, den durch den Fleischwolf gedrehten Nüssen, Zimt, Gewürznelken, rotem Pfeffer und Salz gut mischen.

Die Bauchhöhle der Barben füllen, Fische danach in Mehl wälzen und in der vorgewärmten Pfanne bei mittlerer Hitze auf beiden Seiten braten.

Als Beilagen eignen sich gebratene Kartoffeln und grüner Salat.

Dorsch gebraten
(für 3-4 Personen)

1 kg Dorschfilets
2 kleine Zwiebeln
250 g frischer Koriander
100 ml Sonnenblumenöl oder Butter
700 g mittelgroße Tomaten (5 Stk)
ca. 3 EL Mehl (Mais- oder Weizenmehl)
Salz
schwarzer Pfeffer

Dorschfilets in Mehl wälzen und in einer Pfanne mit Öl auf beiden Seiten braten. Die fertigen Filetstücke auf einem Teller anrichten.
Die Tomaten in Scheiben schneiden und in der Fischpfanne leicht anbraten, danach auf die Dorschstücke legen, salzen, pfeffern, klein geschnittenen Zwiebel und gehackten Koriander darauf streuen.
Diese Hauptspeise wird warm serviert.

Fisch in Knoblauchsauce
(für 3-4 Personen)

Für diese Speise eignen sich Lachs, Stör oder Hausen.

1 kg Fischsteaks
2 Zwiebeln
15 Knoblauchzehen
2 Lorbeerblätter
2 Karotten
1 Petersilienwurzel
½ Sellerieknolle
2 Stangensellerie (nur Blätter)
80 g frische Petersilie
5 Pimentkörner
10 Pfefferkörner
Salz

Fischsteaks waschen, in einen Topf legen, mit Wasser bedecken, salzen, bis auf den Knoblauch alle frischen Zutaten gut waschen und im Ganzen dazugeben, ebenfalls Piment und Pfeffer. Bei mittlerer Hitze kochen, bis das Fischfleisch gar ist, den Schaum abschöpfen. So entsteht die Fischbouillon. Danach die Fischstücke auf einen Anrichteteller legen.
Die Bouillon abseihen. Falls sie zu salzig schmeckt, mit etwas Wasser verdünnen. Zerstoßenen Knoblauch in 400 ml Bouillon mischen.
Die Knoblauchsauce wird entweder direkt über den Fisch gegossen oder in einer separaten Schüssel serviert.

Als Beilagen eignen sich gekochte Kartoffeln mit Petersilie oder Polenta.

Fisch in Tomatensauce
(für 3-4 Personen)

Hier können Filetfische wie Lachsforelle, Butterfisch oder Wels verwendet werden.

1 kg Fischsteaks oder -filets
3-4 kleine Zwiebeln
4 Knoblauchzehen
200 g frischer Koriander
100 g frische Petersilie
100 ml Sonnenblumenöl
1 kg mittelgroße Tomaten (7 Stk)
ca. 3 EL Mehl
1 scharfer grüner oder roter Pfefferoni
Salz

Fischfilets in Mehl wälzen und in Öl auf beiden Seiten braten.
In einer anderen Pfanne den klein geschnittenen Zwiebel in Öl braten. Die Tomaten überbrühen, schälen, danach in kleine Stücke schneiden und mit den Zwiebeln ca. 2 min dünsten, salzen.
Zerstoßenen Knoblauch, die fein gehackten Kräuter, den klein geschnittenen Pfefferoni und den Fisch zu den Tomaten geben und kurz aufkochen lassen.
Diese Hauptspeise wird warm serviert.

Forelle gebraten in Granatapfel-Nuss-Sauce
(für 3-4 Personen)

1 kg Forellenfilets
3 Knoblauchzehen
3 Granatäpfel
100 g Walnüsse
50 g frischer Koriander
1 Zwiebel
100 ml Sonnenblumenöl oder Butterschmalz
scharfer grüner Pfefferoni
Salz

Forellenfilets in Mehl wälzen und in Öl bei mäßiger Hitze braten.
Nüsse, Pfefferoni, Knoblauch und Zwiebel durch den Fleischwolf drehen, Granatapfelsaft aus drei Granatäpfeln pressen (siehe Nützliches & Wissenswertes) und mit Salz und dem fein gehackten Koriander würzen. Die Konsistenz sollte leicht dickflüssig sein.
Die Forellenstücke auf einem Teller anrichten und mit der Sauce übergießen. Diese Hauptspeise kann warm oder kalt serviert werden.

Kleine Forellen können auch im Ganzen gebraten und mit der Sauce übergossen werden.
Statt der Forelle kann man auch Lachsforelle verwenden.

Forelle in pikanter Sauce
(für 3 Personen)

1 kg Forelle (3 Stk)
4 Knoblauchzehen
2 Zwiebeln
170 g Walnüsse
170 ml Weißweinessig
250 ml Wasser
Salz und gemahlener roter Pfefferoni

Forellen vorsichtig waschen, putzen, in einem Topf mit Wasser, 20 ml Weißweinessig und Salz bei mittlerer Hitze 10-15 min kochen. Die Augen färben sich weiß, wenn die Forellen gar sind. Forellen aus dem Topf nehmen und auf einen großen Teller legen.

Sauce: Walnüsse durch den Fleischwolf drehen, Knoblauch schälen und pressen, Zwiebel schälen und sehr klein schneiden. Alle Zutaten mit 250 ml Wasser und den übrigen 150 ml Weißweinessig in einen kleinen Topf geben und ca. 5 min bei mittlerer Hitze kochen, mit Salz und Pfefferoni abschmecken. Die Forellen mit der Sauce übergießen.

Diese Hauptspeise wird warm – im Sommer auch kalt – serviert.

Forelle mit Kornelkirschensauce
(für 3 Personen)

1 kg Forelle (3 Stk)
300 g getrocknete oder 400 g frische Kornelkirschen
40 g Butter
3 Knoblauchzehen
50 g frische Dille
Salz und roter Pfeffer

Forellen gut waschen, putzen, den Pfannenboden einer Fischpfanne mit Butter einfetten und die Forellen darin im Backrohr bei 200 Grad ca. 20-30 min braten.
Kornelkirschen waschen, in einen Topf geben, mit Wasser bedecken und bei mittlerer Hitze kochen, bis die Kirschen weich sind (ca. 30 min) – bei frischen Kirschen ist die Kochzeit kürzer. Durch ein feines Sieb in eine Schüssel passieren. Die Konsistenz sollte breiig sein – falls die Sauce zu dickflüssig ist, etwas kaltes Wasser hinzufügen. Knoblauch in die Sauce pressen, mit Salz und Pfeffer abschmecken und die Hälfte der fein gehackten Dille dazugeben, gut mischen.
Die Forellen auf einen Anrichteteller legen und mit der Sauce übergießen. Die zweite Hälfte der fein gehackten Dille darüber streuen.
Diese Hauptspeise wird warm – im Sommer auch kalt – serviert.

Karpfen in Nuss-Granatapfel-Sauce
(für 3-4 Personen)

1 kg Karpfen (im Ganzen oder in Filetstücken)
4 Knoblauchzehen
2 Granatäpfel
150 g Walnüsse
50 g frischer Koriander
200 ml Fischbouillon
Salz und roter Pfeffer

Den Karpfen am besten entschuppt und ausgenommen kaufen, sehr gut waschen und im Ganzen in einen Topf legen, mit gesalzenem Wasser bedecken und kochen, bis der Karpfen gar ist. Den Karpfen aus dem Topf nehmen und abkühlen lassen, filetieren, danach in würfelige Stücke (ca. 3 cm) schneiden.

Nuss-Granatapfel-Sauce: Aus einem Granatapfel wird der Saft in eine Schüssel gepresst (siehe Nützliches & Wissenswertes). Den zweiten Granatapfel schälen und die Kerne auslösen – sie werden zur Hälfte als Dekoration verwendet, die andere Hälfte kommt in die Sauce. Walnüsse, Knoblauch und Koriander durch den Fleischwolf drehen und mit der Fischbouillon und dem Granatapfelsaft mischen. Die Konsistenz sollte dickflüssig sein.

Die Karpfenstücke werden auf einem Teller angerichtet, mit der Sauce übergossen und mit Granatapfelkernen dekoriert.
Die Speise wird warm serviert.

Karpfeneintopf
(für 3-4 Personen)

1 kg Karpfenfilets
2 Zwiebeln
3 Lorbeerblätter
20 schwarze Pfefferkörner
3 Tomaten
2 Karotten
Salz

Karpfenfilets sehr gut waschen und in würfelige Stücke (ca. 3 cm) schneiden. Den Zwiebel der Länge nach dünn schneiden, die Karotten waschen, schälen und in Scheibchen schneiden.
Die Tomaten gut waschen, überbrühen, schälen, salzen und in kleine Stücke schneiden.
In einer tiefen Pfanne Karpfenstücke, Zwiebel, Karotten, Lorbeerblätter und Pfefferkörner bei mäßiger Hitze dünsten. Etwa 3 min, bevor der Fisch gar ist, die Tomaten dazumischen.

Vor dem Servieren fein gehackte Petersilie und Koriander über das Gericht streuen.
Als Beilagen eignen sich gebratene Kartoffeln und grüner Salat.
Das Rezept ist auch für Hecht oder Wels geeignet.

Lachs mit frischem Estragon
(für 3-4 Personen)

Eine ausgezeichnete Frühlingsspeise.

1 kg Lachssteaks
70 g frischer Estragon
250 g Zwiebel
60 g frischer Koriander
40 g frische Petersilie
40 g frische Dille
2 Zitronen
Salz

Den Zwiebel in Ringe schneiden, alle frischen Kräuter fein hacken und zusammenmischen. Die Hälfte der Zwiebel-Kräuter-Mischung in einen Topf geben, Lachssteaks salzen, darauf legen und mit der zweiten Hälfte der Zwiebel-Kräuter-Mischung bedecken. 250 ml Wasser dazugeben (gerade so viel, dass die obere Kräuterschicht nicht bedeckt ist) und bei mittlerer Hitze dünsten, bis der Lachs gar ist (ca. 20 min).
Die Lachs-Kräuter-Mischung auf einem Teller anrichten und mit dem Saft einer Zitrone beträufeln. Mit Zitronenscheiben dekorieren.
Die Speise wird warm serviert.

Lachsforelle gebraten mit Melanzani und Granatapfel-Sauce
(Für 3-4 Personen)

1 kg Lachsforelle
3 Melanzani
3 Granatäpfel
20 g frische Petersilie
5 g frisches Basilikum (rot)
5 g frisches Bohnenkraut
2 Jungzwiebeln (grüne Teile)
150 ml Sonnenblumenöl oder Butterschmalz
Salz

Melanzani gut waschen, schälen und in 1,5 cm dicke Scheiben schneiden. Die Stücke einsalzen und ½ Std ziehen lassen. Danach durch kräftiges Drücken zwischen den Handballen die Restflüssigkeit aus den Melanzanischeiben pressen. In einer Pfanne das Butterschmalz erhitzen und beidseitig hellbraun anbraten.
Lachsforelle gut waschen, putzen, Kopf entfernen und portionieren, die Stücke in Mehl wälzen und in Öl bei mäßiger Hitze braten. Fertig gebratene Stücke in einen Teller legen und die gebratenen Melanzanistücke rund herum drapieren. Saft aus 2½ Granatäpfeln pressen (siehe Nützliches & Wissenswertes), den Saft salzen, Bohnenkraut und Koriander dazu geben und über die Fischstücke gießen. Die frischen Kräutern und den grünen Teil der Jungzwiebeln fein schneiden und darüber streuen. Zum Schluss mit den Kernen der übrigen Granatapfelhälfte garnieren.
Die Speise wird warm oder kalt serviert.

Dieses Rezept kann auch mit Butterfisch, Forelle oder Angler zubereitet werden. Als Beilagen eignen sich Salat und gebratene Kartoffel oder Polenta.

Scholle in Rotweinsauce
(für 3-4 Personen)

1 kg Schollenfilets
450 ml Rotwein
450 ml Wasser
100 g Walnüsse
2 Zwiebeln
200 g frische Petersilie
250 g frischer Koriander
7 Gewürznelken
1 Lorbeerblatt
2 Knoblauchzehen
Salz

Schollenfilets der Länge nach in ca. 3 cm breite Streifen schneiden und in einen Topf geben. Dazu kommen Rotwein, Wasser, Gewürznelken, das Lorbeerblatt, etwas Salz und die Petersilie im Ganzen. Bei mittlerer Hitze kochen, bis die Scholle durch ist (ca. 20 min).
Die Scholle aus dem Topf nehmen und auf einen Anrichteteller legen. Den Fischsud abseihen und ca. 5-10 min weiterkochen.
Walnüsse und Knoblauch durch den Fleischwolf drehen und die Walnuss-Knoblauch-Mischung mit etwas Fischsud verrühren. Danach in den restlichen Fischsud mischen und kurz aufkochen lassen.
Die fertige Sauce über die Schollenstücke gießen und fein gehackten Koriander darüber streuen. Das Gericht kann warm oder kalt serviert werden.

Dieses Rezept eignet sich ausgezeichnet als Vorspeise bei einer Tafel oder einem Essen mit mehreren Gängen.

Wels in Koriander-Essig-Sauce
(für 3 Personen)

½ kg Wels
60 g frischer Koriander
1/8 l (15 EL) guter, wenn möglich biologischer Weißweinessig
1 Lorbeerblatt
12 schwarze Pfefferkörner
Salz

Wels waschen und putzen, portionieren, in einen Topf legen, mit Wasser bedecken, bei mittlerer Hitze aufkochen lassen und den Schaum abschöpfen, salzen. Das Lorbeerblatt, 20 g frischen Koriander im Ganzen und Pfefferkörner dazugeben, weiterkochen, bis das Fischfleisch gar ist. Schaum immer wieder abschöpfen. Danach den Wels aus dem Topf nehmen und auf einem Teller anrichten.
40 g frischen Koriander fein hacken und in einer Schüssel mit dem Essig mischen. Die Koriander-Essig-Sauce direkt über den Wels gießen.
Die Speise wird kalt serviert.

Dieses Welsgericht ist bei Tafeln sehr beliebt. Bei einem Menü mit mehreren Gängen eignet es sich ausgezeichnet als Vorspeise.

Fleisch & Geflügel

Basturma – Fleischspieße auf kaukasische Art
(für 5 Personen)

In Wein- und Essigsauce eingelegtes Fleisch zum Braten am Spieß. Alexandre Dumas hat diese köstliche Speise in seinem Buch »Gefährliche Reise durch den wilden Kaukasus (1858-1859)« beschrieben. In Georgien ist es eines der wenigen Gerichte, das von Männern zubereitet wird – sie tun dies mit großem Enthusiasmus.

1 kg durchzogenes Schweine-, Lamm- oder Rindfleisch (Schlegel oder Schulter)
1 kg Zwiebel
2 Granatäpfel
150 ml Weißwein
Salz
roter und schwarzer Pfeffer

Das Fleisch gut waschen, würfelig schneiden (ca. 2,5 cm) und in eine große Schüssel geben. Die halbe Menge Zwiebel schälen, klein schneiden, mit reichlich Weißwein und Salz zum Fleisch in die Schüssel geben, gut vermischen, zudecken und im Kühlschrank ca. 5-6 Std ziehen lassen.
Danach die Fleischstücke herausnehmen, die Sauce wegschütten. Das Fleisch entweder auf Fleischspießen auf dem Holzkohlengrill oder auf einer Grillplatte garen.
Basturma auf einen Anrichteteller legen, mit Zwiebelringen und Granatapfelkernen garnieren, den Saft eines Granatapfels darüber gießen und heiß servieren.

Als willkommene Ergänzung eignen sich Tkhemali (siehe Rezept S. 184) oder Tomatensauce (siehe Rezept S. 185).

Borani mit Melanzani

(für 4 Personen)

Borani ist eine wohlschmeckende Kombination von Hühnerfleisch, Gemüse (wahlweise Melanzani, grüne Bohnen oder Spinat) und Joghurt. Eine köstliche, erfrischend leichte Frühlingsspeise.

8 Melanzani
1 Huhn oder 2 Junghühner (ca. 1 kg)
200 g Zwiebel
1 l Joghurt
60 g frischer Koriander
50 g frisches Basilikum
50 g frische Minze
150 g Butterschmalz
½ TL Zimt
70 ml Wasser
1 EL Staubzucker
Salz

Joghurt in ein dünnes Stofftuch füllen und zum Abtropfen der Molke aufhängen – das Tuch kann auch in ein großes, dünnmaschiges Sieb gelegt werden. Joghurt nach ca. 2 Stunden aus dem Tuch in eine Schüssel füllen, Wasser und Staubzucker beimengen und mit einem Mixer gut verrühren.
Melanzani gut waschen, schälen und der Länge nach in ca. 1,5 cm dicke Scheiben schneiden. Die Stücke einsalzen und ½ Std ziehen lassen. Danach durch kräftiges Drücken zwischen den Handballen die Restflüssigkeit aus den Melanzanischeiben pressen. In einer Pfanne Butterschmalz erhitzen und Melanzani beidseitig goldgelb braten. Nach dem Braten die Stücke herausnehmen, den fein gehackten Zwiebel in der selben Pfanne goldgelb braten. Das Huhn halbieren und in einer separaten Pfanne braten. Falls das Huhn nicht fett ist, auch hier etwas Butterschmalz dazugeben.
Die Hälfte der gebratenen Melanzanistücke und den gebratenen Zwiebel auf einen Anrichteteller legen, darauf die Hälfte der fein gehackten frischen Kräuter, danach das in Portionsstücke geteilte Huhn (eventuell vorher Knochen entfernen). Es folgt wieder eine Schicht Melanzani, frische Kräuter und zum Schluss das Joghurt. Der Zimt wird fein über das Joghurt gestreut.
Die Speise sofort nach der Zubereitung warm servieren.

Borani mit Blattspinat
(für 3 Personen)

1 kg Blattspinat
1 Junghuhn (ca. 600 g) oder ein halbes Huhn
1 l Joghurt
50 g frischer Koriander
30 g frische Petersilie
30 g frische Dille
2 Zwiebeln
100 g Butterschmalz oder Butter
70 ml Wasser
1 TL-Spitze Zimt
1 EL Staubzucker
Salz

Joghurt in ein dünnes Stofftuch füllen und zum Abtropfen der Molke aufhängen; nach ca. 2 Stunden aus dem Tuch in eine Schüssel füllen. Wasser und Staubzucker beimengen und mit einem Mixer gut verrühren.
Gut gewaschenen Spinat ca. 15 min in heißem Wasser kochen, danach in einem Sieb abtropfen und abkühlen lassen. Den Spinat händisch ausdrücken, die faustgroßen Spinatklumpen in würfelige Teile (ca. 1 cm) schneiden.
Klein geschnittenen Zwiebel in einer Pfanne mit Butter bei mittlerer Hitze glasig werden lassen, nach und nach den Spinat und die fein gehackten frischen Kräuter dazugeben – alles ca. 1 min bei niedriger Hitze garen lassen.
Das Huhn gut waschen, salzen und in einer Pfanne goldgelb braten.
Die Hälfte des Spinats auf einen Anrichteteller legen und darauf das gebratene, zerteilte Huhn. Die Hühnerteile mit dem restlichen Spinat bedecken und zum Schluss mit Joghurt übergießen. Auf das Joghurt Zimt streuen.
Die Speise sofort nach der Zubereitung warm servieren.

Die Knochen können vor dem Anrichten entfernt werden.
Eine weitere Borani-Variation wird mit grünen Bohnen (1 kg) zubereitet. Die frischen Kräuter sind dann Bohnenkraut (20 g), Koriander (30 g), Dille (30 g), Estragon (20 g) und Jungzwiebel (50 g, nur grüne Teile).

Bughlama aus Rindfleisch – Georgisches »Gulasch«
(für 5 Personen)

Diese Speise aus Rindfleisch kommt Gulasch am nächsten, man verwendet jedoch frische Kräuter.

600 g Rindfleisch (Gulaschfleisch)
600 g Kartoffeln
3 rote Paprika
1 kg Tomaten
400 g Zwiebel
30 g Stangensellerie (nur Blätter)
50 g frischer Koriander
50 g frische Petersilie
30 g frisches rotes Basilikum
10 g frisches Bohnenkraut
4 Knoblauchzehen
Salz und roter Pfeffer

Rindfleisch und geschälte Kartoffeln würfelig (2 cm), die Zwiebeln möglichst klein schneiden. Alles gemeinsam in einem Topf bei mittlerer Hitze anbraten – sollte das Fleisch zu wenig Fett haben, etwas Butterschmalz hinzufügen.
Die Tomaten gut waschen, überbrühen, schälen, danach passieren und salzen. Nach 10-15 min die passierten Tomaten zum Fleisch geben. Weiterkochen, bis das Fleisch gar ist.
Paprika in Ringe schneiden, Sellerie schneiden, frische Kräuter fein hacken, den Knoblauch pressen, alles in den Topf geben und kurz aufkochen lassen. Die Speise wird warm serviert.

Das Rezept eignet sich auch für Lammfleisch – in diesem Fall die Hälfte der Kartoffeln durch Melanzani ersetzen.

Khinkali – Teigtaschen mit Faschiertem
(90 Stk – für 10 Personen)

Khinkali werden in kochendem Wasser zubereitet und in Georgien in großen Mengen und ausschließlich mit der Hand gegessen. In den Teigtaschen bildet sich beim Kochen ein Saft, der beim Anschneiden mit dem Messer verloren gehen würde. Viele Lokale (Sakhinkle) bieten nur Khinkali an. Passende Getränke sind Bier oder Grappa.

½ kg Rindsfaschiertes
1½ kg Schweinsfaschiertes
60 g frischer Koriander
½ kg Zwiebel
2 kg Weizenmehl
2 EL schwarzer Pfeffer
4 Knoblauchzehen
Salz, Wasser

Teig: Mehl mit 1,2 l Wasser und einem gestrichenen EL Salz zu einem Teig verarbeiten.

Fülle: Zwiebel schälen, vierteln und mit gewaschenem Koriander durch den Fleischwolf drehen. In einer Schüssel das Faschierte mit 1 EL schwarzem Pfeffer, gepressten Knoblauchzehen und 1-2 EL Salz vermischen. 1 l Wasser dazugeben und sehr gut durchkneten.

Teigtaschen: Teig in 3 Portionen teilen; einen Teil mit dem Nudelholz ca. 1-1,5 cm stark ausrollen. Mit einem Wasserglas (6 cm Durchmesser) runde Formen ausstechen und die Teigkreise auf ca. 11 cm Durchmesser ausrollen. 1 gestrichenen EL Fülle in die Mitte des Teigkreises setzen. Den Teigrand nach und nach in kleine Falten legen und um die Fülle schließen. Wo der Teig geschlossen wird, entsteht ein Teigzwirbel, der in die Höhe ragt.

In einem großen Topf 2 l Wasser und ½ EL Salz zum Kochen bringen und ca. 15 Khinkali-Stücke in das kochende Wasser einlegen. Vorsichtig mit einem Holzkochlöffel am Boden entlang fahren, um ein Anlegen zu vermeiden. Nach einer gewissen Zeit schwimmen die Khinkali-Stücke obenauf und werden dann noch weitere 5-7 min gekocht. Danach aus dem Topf nehmen und heiß servieren. Mit einer Pfeffermühle nach Geschmack direkt auf dem Teller nachwürzen.

In gebirgigen Gegenden werden Kümmel und Knoblauch zur Fülle gegeben, im Osten Georgiens und in Tbilisi frische Kräuter.

Tschkmeruli – Huhn in Knoblauchsauce
(für 3-4 Personen)

1 Huhn
60 g Butter
2 Knollen Knoblauch
300 ml Wasser gekocht
Salz

Das Huhn salzen und im Backrohr bei 180 Grad grillen, bis es durch und die Haut knusprig ist. Gelegentlich das Hühnerfett, das beim Bratvorgang austritt, über das Huhn gießen. Aus dem Backrohr nehmen, zerteilen und in eine Schüssel legen.
Sauce: Die Knoblauchknollen schälen, pressen und in einer Pfanne mit Butter bei mittlerer Hitze braten. Nach 5-10 min 300 ml gekochtes Wasser dazugeben, rühren, kurz aufkochen lassen, vom Herd nehmen und die Sauce über das Huhn gießen.
Die Speise wird warm serviert.

Als Beilagen eignen sich Salat (v.a. grüne Salate) und Weißbrot. Wenn bei der Zubereitung Milch statt Wasser bzw. zur Hälfte Wasser und zur Hälfte Milch genommen wird, färbt sich die Sauce sehr schön und der Geschmack wird unterstützt.

Ente mit Kornelkirschensauce
(für 4 Personen)

1 Ente
100 g getrocknete oder 400 g frische Kornelkirschen
½ kg Zwiebel (ca. 6 Stk)
1 kg große Kartoffeln
½ Sellerieknolle
5 Knoblauchzehen
1 Petersilienwurzel
400 ml Bouillon
Salz

Ente gut waschen, putzen, in einem Topf mit Wasser bedecken und bei mittlerer Hitze kochen, den Schaum abschöpfen. Danach Sellerie, Petersilienwurzel und gepressten Knoblauch hineingeben und ca. 40 min weiterkochen – die Ente ist nun halb durch. Aus der Bouillon nehmen, abkühlen lassen, zerteilen, salzen, in eine Pfanne legen, 100 ml Bouillon zugießen und im vorgeheizten Backrohr bei 220 Grad fallend braten. Während der Garungszeit die Ententeile gelegentlich mit dem austretenden Saft übergießen, damit die Haut knusprig wird. Die Entenstücke zwei- oder dreimal wenden. Gesamtgarzeit ca. 50 min.
Kartoffeln schälen (bei Frühkartoffeln kann die Schale verwendet werden), waschen, vierteln, salzen und nach den ersten 20 min Garzeit zum Entenbraten geben. Nach weiteren 20 min Zwiebelringe dazugeben. Falls der Saft verdampft, etwas Bouillon hinzufügen.
Kornelkirschen waschen, in einen Topf geben, mit Bouillon bedecken und bei mittlerer Hitze kochen, bis die Kirschen weich sind (ca. 15 min) – bei frischen Kirschen ist die Kochzeit kürzer. Kirschen samt Kochwasser durch ein feines Sieb in eine Schüssel passieren. Die Konsistenz sollte breiig sein – eventuell noch etwas Bouillon dazugeben, mit Salz abschmecken.
Ca. 2 min vor dem Anrichten die Pfanne aus dem Backrohr nehmen, die Kornelkirschensauce über die Ententeile gießen und ins Backrohr zurückstellen.
Den Braten samt Sauce auf einem großen Teller anrichten. Diese Hauptspeise wird warm serviert.

HUHN AUF GURISCHE ART
(für 4 Personen)

1 Huhn
3 Zwiebeln
3 EL durch den Fleischwolf gedrehte Walnüsse
½ TL gemahlener Koriander
1 TL getrockneter Oregano
1 TL Zimt
¾ TL Ingwerpulver
100 ml Weinessig
250 ml Wasser
10 Gewürznelken
40 g frischer Koriander
30 g frische Petersilie
Pfeffer und Salz

Das Huhn zerteilen und die Teile in einem Topf leicht anbraten. Nach 3 min klein geschnittenen Zwiebel, Zimt, Oregano, Koriander, Salz und Pfeffer dazugeben. Noch einige Zeit braten lassen, bis die Haut der Hühnerteile goldgelb ist, dann wird Essig und Wasser hinzugefügt. Ab jetzt sollte hin und wieder gerührt werden, um ein Anlegen im Kochtopf zu vermeiden. 5 min vor Fertigstellung Ingwer und Walnüsse beimengen und gut vermischen. Sobald man den Topf vom Herd nimmt, fein gehackten frischen Koriander und Petersilie dazugeben. Die Speise wird warm serviert.

Als Beilage eignet sich Weißbrot oder Ghomi (georgische Polenta, siehe Rezept S. 88).

Huhn in Basche (Walnusssauce)
(für 4 Personen)

Basche ist eine beliebte Sauce aus Walnüssen und verschiedenen Gewürzen. Diese Sauce kann über Fisch oder Geflügel, aber auch über Blumenkohl oder Melanzani gegossen werden. In Georgien isst man sie vor allem zu Huhn, Pute und Fisch. Basche stammt aus Westgeorgien (Samegrelo) und wird dort – wie in diesem Buch – traditionell mit Gewürzen zubereitet; im Osten Georgiens (Kachetien) verwendet man keine Gewürze.

1 Huhn (ca. 1½ kg)
1 kleine Zwiebel
2 Knoblauchzehen
10 g frischer Koriander
½ kg Walnüsse
1 l lauwarmes Wasser
1-2 EL Rotweinessig oder Zitronensaft
1 TL gemahlener Koriander
1 TL Safran (siehe Nützliches & Wissenswertes)
1 TL Khmeli-Suneli (siehe Nützliches & Wissenswertes)
scharfer roter Pfeffer bzw. Cayennepfeffer
Salz

Huhn in einem Topf mit Wasser bedeckt kochen, aus dem Topf nehmen, abkühlen lassen und zerteilen.

Walnusssauce: Walnüsse, geschälten Zwiebel und frischen Koriander durch einen Fleischwolf drehen, die gemahlenen Kräuter – Koriander, Safran und Khmeli-Suneli – dazugeben, anschließend nochmals durch den Fleischwolf drehen. Essig hinzufügen, ebenso nach und nach das lauwarme Wasser, gut mischen. Die Sauce sollte die Konsistenz einer Cremesuppe haben.

Die Hühnerstücke in die Walnusssauce legen und im Kühlschrank ca. 3 Stunden ziehen lassen. Basche wird immer kalt serviert.

Knochen können beim Zerteilen des Huhnes entfernt werden, ist aber nicht unbedingt notwendig.

Huhn mit Granatapfelsauce
(für 3-4 Personen)

1 Huhn
3 Granatäpfel
½ TL gemahlener Koriander
2 frische Jungzwiebeln (nur grüne Teile)
4 Knoblauchzehen
½ frischer scharfer roter Pfefferoni
Salz

Das Huhn gut waschen, in einem Topf mit gesalzenem Wasser kochen, bis es gar ist.
Während das Huhn kocht, die Granatäpfel schälen und 2½ Stk mit einer Kartoffelpresse entsaften. Den geschälten Knoblauch und den frischen Pfefferoni zerkleinern, in einem Mörser zerstampfen und mit dem Koriander in den Granatapfelsaft mischen.
Huhn aus dem Topf nehmen, abkühlen lassen, zerteilen, in eine Schüssel legen und mit dem Saft übergießen. Grüne Teile der Jungzwiebeln fein schneiden und zusammen mit den verbleibenden Granatapfelkernen über das Huhn streuen.
Die Speise wird warm oder kalt serviert.

Huhn mit grünen Ringlotten
(für 3-4 Personen)

1 Huhn
300 g Zwiebel
350 g grüne, unreife Ringlotten
½ TL gemahlener Koriander
40 g frischer Koriander
50 g frische Dille
2-3 Knoblauchzehen
Wasser
Salz
scharfer roter Pfeffer

Das Huhn gut waschen, zerteilen und in einem Topf leicht anbraten. Nach 5 min den in Scheiben geschnittenen Zwiebel und Salz dazugeben. Noch einige Zeit braten lassen, bis das Fleisch halb durch ist, dann ½ Tasse Wasser und gemahlenen Koriander hinzufügen und weiterkochen. Hin und wieder umrühren.
Ringlotten in einem kleinen Topf mit Wasser bedecken und bei mittlerer Hitze weich kochen (5-10 min Kochzeit). Anschließend durch ein feinmaschiges Sieb passieren.
Die Ringlottensauce und den scharfen Pfeffer zum durchgebratenen Huhn geben, einmal kurz aufkochen lassen. Sobald man den Topf vom Herd nimmt, fein gehackten Koriander, Dille und gepressten Knoblauch dazugeben. Die Speise wird warm serviert.

Als Beilage ist Weißbrot oder Ghomi (georgische Polenta, siehe Rezept S. 88) zu empfehlen.
Das Gericht kann auch mit Lammfleisch (Schulter oder Schlegel) zubereitet werden. Die frischen Kräuter sind in diesem Fall mit 30 g Petersilie zu ergänzen.

Huhn gefüllt mit Innereien und Kräutern
(für 3-4 Personen)

1 Huhn (ca. 1 kg)
200 g Mischung aus Hühnerherz, -lunge, -magen
30 g frischer Estragon
30 g frische Petersilie
20 g frisches Basilikum
20 g Jungzwiebel (ca. 3 Stk, nur grüne Teile)
80 g Butter
1 Messerspitze Zimt
Salz

Fülle: Innereien gut waschen, in einem Topf mit Wasser bedeckt ca. 20 min kochen, abkühlen lassen und in ca. 1 cm große Stücke schneiden. Danach die gekochten Innereien in einer Pfanne mit ca. 50 g Butter und allen fein gehackten frischen Kräutern bei niedriger Hitze ca. 5 min braten. Vom Herd nehmen und mit Zimt und Salz abschmecken.

Das Huhn gut waschen, füllen, mit einem Faden zunähen oder mit Zahnstochern verschließen. Das Huhn einsalzen und in einer mit Butter gefetteten Pfanne im Backrohr ca. 60 min bei 180 Grad grillen. Gelegentlich den austretenden Saft über das Huhn gießen.

Die Speise wird heiß serviert.

Kalbszunge mit Kräutern
(für 4 Personen)

ca. 600 g Kalbszunge (1 ganze Zunge)
60 g Butter
150 g Zwiebel (3 Stk)
200 g Tomaten (3 Stk)
300 ml Sauerrahm
40 g frischer Estragon
50 g frische Petersilie
40 g frische Dille
Salz
schwarzer Pfeffer

Kalbszunge gut waschen und in einem Topf ca. 1 Std bei mittlerer Hitze kochen, danach herausnehmen, abschrecken und die Zungenhaut abziehen. Etwas abkühlen lassen und danach in sehr dünne Scheiben schneiden. Zwiebel schälen, in Ringe schneiden und in einer Pfanne mit Butter goldgelb braten (ca. 5 min). Tomaten überbrühen, schälen, würfelig schneiden, gemeinsam mit der geschnittenen Zunge in die Pfanne geben und ca. 5 min weiterbraten. Alle frischen Kräuter fein hacken und zusammen mit dem Sauerrahm in die Pfanne geben, mit Salz und Pfeffer abschmecken, ca. 1 min bei sehr niedriger Hitze kochen lassen und vom Herd nehmen.
Die Speise wird warm serviert.

KHARTSCHO MIT NÜSSEN
(für 5 Personen)

Gericht aus Rindfleisch, Tomaten, Walnüssen, Reis und Gemüse.

1 kg Rindfleisch (Rostbraten)
1 Tasse durch den Fleischwolf gedrehte Walnüsse
3 Zwiebeln
250 ml pürierte Tomaten bzw. Tomatenmark
1 TL gemahlener Koriander
3 Knoblauchzehen
1 Prise Safran (siehe Nützliches & Wissenswertes)
2-3 EL Mais- oder Weizenmehl
3 EL Butterschmalz
scharfer roter Pfeffer
Salz

Das Rindfleisch würfelig schneiden (ca. 3 cm), in einem Topf in Butterschmalz leicht anbraten, danach den klein geschnittenen Zwiebel dazugeben und weiterbraten, bis der Zwiebel goldgelb schimmert. Danach passierte Tomaten und Wasser dazugeben, sodass das Fleisch gut bedeckt ist.
Das Fleisch kochen, bis es fast gar ist, dann das Mehl dazugeben. Etwas Bouillon in eine separate Schale geben, durch den Fleischwolf gedrehte Walnüsse mit sämtlichen Gewürzen hinzufügen, gut mischen und wieder zum Fleisch geben. Weitere 5 min kochen.
Die Speise wird warm serviert.

Als Beilage ist Weißbrot oder Ghomi (georgische Polenta, siehe Rezept S. 88) zu empfehlen.

Kutschmadschi – Hühnerinnereien mit Berberitzen
(für 4 Personen)

Hühnerinnereien mit Walnüssen, Granatapfelkernen und Gewürzen. Kutschmadschi wird bei fast allen Tafeln als Vorspeise serviert.

200 g Hühnerleber
200 g Hühnerherz
200 g Hühnermagen
100 g Butter
30 g getrocknete Berberitzen
½ TL gemahlener Koriander
1 TL gemahlenes Bohnenkraut
½ TL Khmeli-Suneli (siehe Nützliches & Wissenswertes)
200 g kleine Zwiebel (3-4 Stk)
4 Knoblauchzehen
Salz
scharfer roter Pfefferoni

Alle Innereien gut waschen, in einen Topf geben, mit Wasser bedecken und bei mittlerer Hitze zum Kochen bringen, danach das Wasser wechseln und ca. 30 min gar kochen. Sobald die Innereien durch sind, das Kochwasser wegschütten, Innereien abkühlen lassen, klein schneiden (ca. 1 cm) und in eine Schüssel geben.
Zwiebel schälen, sehr klein schneiden und in einer Pfanne mit Butter goldgelb braten. Danach vom Herd nehmen, den geschälten Knoblauch hineinpressen sowie die gemahlenen Gewürze dazumischen. Die Zwiebel-Gewürz-Mischung mit den Berberitzen zu den Innereien geben und mit Salz und Pfefferoni abschmecken.
In kleinen Schüsseln auf dem Tisch verteilen. Kutschmadschi wird kalt gegessen.

Faschiertes Lamm in Quitte und Apfel
(für 4 Personen)

½ kg Lamm (Schulter oder Schlegel)
200 g Lammknochen
5 mittelgroße Quitten
4 Äpfel (saure, harte Sorte, z.B. Cox Orange)
100 g Zwiebel (1 Stk)
40 g Reis
200 g Dörrzwetschken
20 g frischer Koriander
Salz und schwarzer Pfeffer

Lammknochen gut waschen, in einen Topf legen, salzen und in 750 ml Wasser bei mittlerer Hitze kochen (ca. 1 Std) – eventuell Wasser hinzufügen, es werden in weiterer Folge 400 ml Bouillon gebraucht.

Fülle: Das Lammfleisch sollte keine Gewebehaut haben – am besten bereits beim Kauf entfernen lassen. Das Fleisch gut waschen und zusammen mit dem Koriander und dem geschälten Zwiebel durch den Fleischwolf drehen. Salzen und Pfeffern. Den Reis ca. 5 min vorkochen, abseihen, ebenfalls zur Fülle geben und gut durchmischen.

Äpfel und Quitten gut waschen, auf der Stängelseite einen Deckel abschneiden, das Kerngehäuse vorsichtig entfernen und füllen. Danach die Apfel-/Quittendeckel wieder aufsetzen. Die gefüllten Früchte zusammen mit den Dörrzwetschken in einen Topf legen und in der Bouillon (400 ml) bei niedriger Hitze ca. 40-60 min kochen.
Die Speise wird heiß serviert.

Das Gericht kann natürlich auch nur mit Quitten oder nur mit Äpfeln zubereitet werden.

Lamm mit Melanzani
(für 3 Personen)

½ kg Lamm (Schulter oder Schlegel)
6 Melanzani
50 g frischer Koriander
50 g frische Petersilie
40 g frisches Basilikum
30 g frische Dille
20 g frische Blattsellerie
30 g frisches Bohnenkraut
1 kg Tomaten
4 Zwiebeln
3 Knoblauchzehen
ca. 150 g Butterschmalz
Salz
schwarzer Pfeffer

Melanzani gut waschen, schälen und in 1,5 cm dicke Scheiben schneiden. Die Stücke einsalzen und ½ Std ziehen lassen. Danach durch kräftiges Drücken zwischen den Handballen die Restflüssigkeit aus den Melanzanischeiben pressen, in einer Pfanne das Butterschmalz erhitzen und beidseitig hellbraun anbraten.
In einer separaten Pfanne das Lammfleisch – würfelig (1,5 cm) geschnitten – mit den Zwiebeln braten. Falls das Lamm nicht ausreichend Fett hat, etwas Butterschmalz dazugeben. Mit Pfeffer und Salz würzen.
Tomaten gut waschen, überbrühen, schälen und danach passieren.
Die Hälfte der Melanzani in einen Kochtopf legen, den geschälten Knoblauch darüber pressen, die Hälfte der fein gehackten frischen Kräuter und das gebratene Zwiebelfleisch darauf verteilen. Danach folgt eine Melanzanischicht, dann eine Kräuterschicht und darüber schüttet man die gesalzenen, passierten Tomaten. Bei niedriger Hitze ca. 10 min köcheln lassen. Danach vom Herd nehmen.
Die Speise wird warm serviert.

Die Zutaten können beliebig hoch geschichtet werden.
Das Rezept eignet sich auch für Rindfleisch.

Lammschlegel mit Gemüse
(für 5 Personen)

1 kg Lamm (Schlegel)
50 g Lammfett
½ kg Melanzani (3 Stk), möglichst schlanke Sorte
½ kg Tomaten (6 Stk)
½ kg große Kartoffeln (ca. 5 Stk)
200 g Champignons
5-6 Knoblauchzehen
Salz
grob gemahlener schwarzer Pfeffer

Lammschlegel im Ganzen belassen, gut waschen und, wo das Fleisch es zulässt, bis zu 3 cm tief einschneiden. 3 Knoblauchzehen schälen und der Länge nach blättrig schneiden. In die Schnitte Knoblauchscheiben, grob gemahlenen Pfeffer und Salz stecken. Den Lammschlegel außen mit Salz und grob gemahlenem Pfeffer würzen, in eine möglichst große Pfanne legen und ca. 100 ml Wasser dazugeben. Backrohr auf 220 Grad vorheizen, das Lamm 30 min braten. In dieser Zeit können die weiteren Zutaten vorbereitet werden. Melanzani gut waschen, in jeweils 3 Stücke schneiden und diese der Länge nach je einmal einschneiden. Den restlichen Knoblauch schälen, blättrig schneiden, das Lammfett waschen, klein schneiden (ca. 1 cm) und beides gemeinsam mit Pfeffer und Salz in die Melanzanistücke stecken. Kartoffeln waschen, schälen, der Länge nach vierteln (Frühkartoffeln können mit der Schale verwendet werden), Champignons waschen. Alle Zutaten kommen nach 30 min Bratzeit zum Lamm und werden bei 200 Grad ca. 75 min mitgebraten.
Tomaten gut waschen und die letzten 15 min mitbraten. Den Braten gelegentlich wenden, mit dem austretenden Saft übergießen, ebenso die Kartoffeln und Melanzani.
Die Speise wird heiß serviert.

In der Quittensaison kann eine der Länge nach geschnittene Quitte zu den Kartoffeln gegeben werden.
Sehr gutes Lammfett ist das so genannte Schwanzfett.

Leber in Grantapfelsauce
(für 4 Personen)

600 g Kalbsleber
60 g Butter
50 g frischer Koriander
3 Granatäpfel
100 g Zwiebel (2 Stk)
Salz
schwarzer Pfeffer

Leber gut waschen, in Milch einlegen (ca. 1 Std), danach in würfelige Stücke schneiden (1,5 cm), kräftig pfeffern und in Butter bei mittlerer Hitze braten, bis die Leber gar und weich ist. Unbedingt erst danach salzen. Zwiebel schälen, halbieren, in Scheiben schneiden und in einer separaten Pfanne in Butter glasig werden lassen.

Granatapfelsaft aus zweieinhalb Granatäpfeln mit einer Kartoffelpresse pressen (siehe Nützliches & Wissenswertes) und salzen, den Rest der Granatapfelkerne zur Dekoration verwenden.

Leber, Zwiebel und Granatapfelsaft in eine Schüssel geben, fein gehackten Koriander dazumischen und abschließend die Granatapfelkerne darüber streuen.

Die Speise wird warm serviert.

LULAKABABI – RINDS- ODER LAMMFASCHIERTES MIT BERBERITZEN
(für 2-3 Personen)

½ kg Faschiertes (Rind oder Lamm)
300 g Zwiebel (ca 3 Stk)
30-40 g getrocknete Berberitzen
1 Ei
100 g Butter
schwarzer Pfeffer und Salz
Jungzwiebel (grüne Teile) zum Garnieren

Zwiebel schälen, vierteln und mit 20 g Berberitzen durch den Fleischwolf drehen, danach in eine Schüssel geben und mit Faschiertem und Ei gut durchmischen. Salz und reichlich Pfeffer dazugeben und weiter gut durchkneten. Jetzt Laibchen mit ca. 10-15 cm Länge und 3 cm Breite formen.
Butter in einer Pfanne zerlassen und die Laibchen bei mittlerer Hitze herausbraten. Gelegentlich wenden – so werden alle Seiten gut durchgebraten (Bratzeit ca. 10 min).
Laibchen auf einen Anrichteteller legen, Berberitzen darüber streuen, Jungzwiebel waschen, klein schneiden und darüber streuen.
Die Speise wird warm serviert.

Grüner Salat schmeckt zu Lulakabab sehr gut.
Alle Zutaten (Lulakabab, Berberitzen und grüner Salat) können auch in sehr dünnes Fladenbrot gewickelt werden.

Q'alia – Eintopf mit Putenfleisch
(für 4 Personen)

1 kg Putenfleisch (Schenkel- oder Brustteil)
300 g Zwiebel (3 Stk)
2 Knoblauchzehen
2 Granatäpfel
½ TL gemahlener Koriander
1 TL Khmeli-Suneli (siehe Nützliches & Wissenswertes)
1 EL Tomatenmark oder 1 Tomate
200 ml Wasser
1 scharfer Pfefferoni oder 1 TL Adschika-Paste (siehe Rezept S. 178)
Salz

Putenfleisch waschen, in Stücke (4-5 cm) schneiden und in einen Topf legen. In eine Schüssel kommen klein geschnittener Zwiebel und Knoblauch, Granatapfelkerne, Tomatenmark, Koriander, Khmeli-Suneli, Pfefferoni und Salz. Alles gut durchmischen und in den Topf mit dem Fleisch geben. Wasser dazugießen, zudecken und bei niedriger Hitze ca. 1 Std kochen lassen.
In einer Schüssel anrichten und heiß servieren.

Zu Q'alia passt Ghomi (siehe Rezept S. 88) besonders gut.

Pastete aus Kalbs- oder Rindsleber

2 kg Leber
700 g Zwiebel
400 g Butter
Salz und schwarzer Pfeffer

Zu Beginn 200 g Butter auf Zimmertemperatur erwärmen – sie wird beim letzten Arbeitsgang gebraucht.
Leber gut waschen, Gewebehaut abziehen, in faustgroße Stücke scheiden, in einem Topf mit Wasser einmal aufkochen, danach das Wasser wechseln und bei mittlerer Hitze weiterkochen. Währenddessen Zwiebel schälen und grob schneiden. Wenn das Wasser fast zur Gänze verdunstet ist (bis auf ca. eine Fingerbreite vom Topfboden), 200 g Butter und Zwiebel hinzufügen und Zwiebel garen, bis er leicht goldgelb schimmert, mit Salz und Pfeffer abschmecken. Vom Herd nehmen, abkühlen lassen und die Leber-Zwiebel-Mischung dreimal durch den Fleischwolf drehen.
Ein Geschirrtuch mit kaltem Wasser tränken, gut auswringen und auf einer ebenen Fläche ausbreiten, die Leber-Zwiebel-Mischung gleichmäßig auf das Tuch verteilen, mit der mittlerweile weich gewordenen Butter bestreichen. Langsam mit Hilfe des Tuchs eine Roulade formen, in Portionen in den Gefrierteil des Kühlschranks geben, so kann die Haltbarkeit verlängert werden (höchstens 2 Wochen). 3 Std vor Verwendung aus dem Kühlschrank nehmen, in Scheiben geschnitten auf einem Anrichteteller servieren.

Zusammen mit der Leber und dem Zwiebel können auch 2 gekochte Karotten durch den Fleischwolf gedreht werden.
Bei Verwendung am selben Tag sollte die Pastete ca. 4 Std im Kühlschrank rasten.

Rindfleischauflauf
(für 5-6 Personen)

1 kg Rindfleisch
1½ kg Kartoffeln
2 Zwiebeln
40 g frischer Koriander
40 g frische Dille
40 g frische Petersilie
125 g Butter
200 g Sauerrahm
Schwarzer Pfeffer und Salz
½ Granatapfel
200 g geriebener Emmentaler oder vergleichbarer gut schmelzender Kuhkäse

Das Rindfleisch würfelig (3 cm) schneiden und in einem Topf mit 50 g Butter leicht anbraten. Danach den in Ringe geschnittenen Zwiebel dazugeben und weiterbraten, bis das Fleisch gar und der Zwiebel goldgelb ist. Abschließend mit Salz und Pfeffer abschmecken.
Die Kartoffeln schälen, in »Pommes frites«-Form schneiden, mit der restlichen Butter braten und, sobald sie gar sind, salzen.
Als erste Lage das Zwiebelfleisch in eine Auflaufform füllen, die gebratenen Kartoffeln darauf legen. Mit einem Löffel wird der Sauerrahm darüber verteilt, dann der geriebene Käse und die fein gehackten Kräuter. Obenauf streut man die Granatäpfelkerne.
Den Auflauf bei 150 Grad höchstens 20 min backen.
Die Speise wird so heiß wie möglich serviert.

Rindfleisch mit Dörrzwetschken
(für 3 Personen)

650 g Rind- oder Kalbfleisch
200 g Dörrzwetschken
3 Zwiebeln
40 g frischer Koriander
40 g frische Petersilie
100 g Butter
½ bis 1 Tasse Wasser
Salz

Das Rindfleisch gut waschen, würfelig schneiden (ca. 3 cm) und in einer tiefen, großen Pfanne bei mittlerer Hitze anbraten. Wenn der eigene Saft nicht ausreicht, etwas Wasser dazugeben. Sobald das Fleisch halb durch ist, den der Länge nach geschnittenen Zwiebel und die Butter dazugeben und weiter garen. 5 min vor dem Abschalten die gewaschenen Dörrzwetschken hinzufügen mit dem Zwiebelfleisch gut durchmischen, gelegentlich rühren. Zum Abschluss fein gehackte frische Kräuter dazugeben, nochmals rühren und vom Herd nehmen.
Die Speise wird warm serviert.

Als Beilage eignen sich besonders gebutterte, auf einem Backblech gebackene, ungeschälte Kartoffelhälften (Frühkartoffeln).

Rindfleisch mit Melanzani
(für 4 Personen)

600 g Rindfleisch (Filet oder Gulaschfleisch)
1 kg Melanzani
350 g roter Paprika
50 g frischer Koriander
50 g frische Petersilie
30 g frisches rotes Basilikum
30 g frische Dille
10 g frisches Bohnenkraut
1 kg Tomaten
300 g Zwiebel
4 Knoblauchzehen
ca. 100 ml Sonnenblumenöl
Salz und roter Pfefferoni

Melanzani gut waschen und in 1,5 cm dicke Scheiben schneiden. Die Stücke einsalzen und ½ Std ziehen lassen. Danach durch kräftiges Drücken zwischen den Handballen das Wasser aus den Melanzanischeiben pressen, diese in einer Pfanne mit Sonnenblumenöl beidseitig leicht anbraten – nicht durchbraten, sie werden noch weitergekocht.
Zunächst das Rindfleisch würfelig (2,5 cm) schneiden und in einem Topf anbraten, nach ca. 5 min den in Scheiben geschnittenen Zwiebel, die angebratenen Melanzanistücke, den in Ringe geschittenen roten Paprika und die Hälfte der fein gehackten frischen Kräuter sowie 2 gepresste Knoblauchzehen dazugeben. Die Tomaten gut waschen, überbrühen, die Haut entfernen, danach passieren, salzen und ebenfalls in den Topf geben. Den Topf zudecken und den Inhalt bei mittlerer Hitze kochen, bis das Fleisch und die Melanzani durch sind.
Anschließend die zweite Hälfte der fein gehackten frischen Kräuter und den gepressten Knoblauch dazugeben, vermischen, mit Salz und rotem Pfefferoni abschmecken und heiß servieren.

Das Rezept wird auch mit Lammfleisch (Schlegel) gekocht.

Saziwi – Pute in Walnusssauce
(für 10 Personen)

Nationalspeise aus Pute oder Huhn und gewürzter Walnusssauce. Eine der Speisen, die zu Silvester unbedingt gekocht werden müssen. Saziwi wird auch zu Weihnachten serviert.

1 Pute (ca. 3½ kg)
2 kleine Zwiebeln
4 Knoblauchzehen
900 g Walnüsse
1½-2 l Putenbouillon
2-3 EL Weißweinessig
2 TL gemahlener Koriander
½ TL Safran (siehe Nützliches & Wissenswertes)
1 TL Khmeli-Suneli (siehe Nützliches & Wissenswertes)
1 Prise Zimt
Salz, scharfer roter Pfeffer bzw. Cayennepfeffer

Pute in einen großen Topf geben, mit Wasser bedecken und kochen. Schaum abschöpfen. Die so entstehende Bouillon wird für die Walnusssauce weiterverwendet. Bevor die Pute gar ist, aus dem Topf nehmen und im Backrohr bei ca. 180 Grad grillen, sodass die Haut goldgelb-knusprig wird. Danach abkühlen lassen und zerteilen.
Während die Pute kocht, kann die Walnusssauce vorbereitet werden.

Walnusssauce: Walnüsse durch einen Fleischwolf drehen, die gemahlenen Gewürze – Koriander, Safran, Khmeli Suneli – in die Masse geben und Essig hinzufügen. Sehr fein gehackten Zwiebel in einer Pfanne mit Bouillonfett (von der Puten-Bouillon abgeschöpft) braten. Bevor der Zwiebel goldgelb wird, vom Herd nehmen. Zwiebel in die Walnuss-Gewürz-Mischung geben und gut vermischen.
Die Puten-Bouillon abseihen, nach und nach vorsichtig zur Walnuss-Zwiebel-Mischung geben und gut mischen. Die einzelnen Bestandteile sollen gut mit der Bouillon binden. Die Konsistenz sollte die von Buttermilch sein.

Die Walnusssauce wird in einen Topf gegeben und ca. 5 Min mit den Putenstücken bei niedriger Hitze gekocht.
Diese Hauptspeise wird kalt serviert.

Saziwi schmeckt am darauf folgenden Tag am besten. Dazu passt Ghomi (georgische Polenta siehe Rezept S. 88) oder Weißbrot.

Schilaplawi – Lammfleisch mit Reis
(für 4-5 Personen)

Das Gericht stammt aus Ostgeorgien. Es wird bei jedem Leichenschmaus gegessen.

½ kg Lamm (Schlegel)
50 g Lammfett
250 g Zwiebel (ca. 3 Stk)
250 g Risottoreis
2/3 TL gemahlener Kümmel
½ TL schwarzer gemahlener Pfeffer
450 ml Wasser
Salz

Das Lammfleisch würfelig (ca. 2 cm) und das Lammfett in kleine Stücke schneiden, beides in einem Topf bei mittlerer Hitze ca. 10 min braten. Danach den klein geschnittenen Zwiebel dazugeben. Weitere 10 min braten (in dieser Zeit darauf achten, dass das Fleisch nicht austrocknet und anbrennt – eventuell 2 EL Wasser zugeben), bis der Zwiebel glasig ist, mit Wasser löschen und weitere 10 min kochen. Anschließend die Hitze reduzieren, den Reis, die gemahlenen Gewürze und Salz dazugeben. Weitere 20 min bei niedriger Hitze zugedeckt kochen und gelegentlich umrühren.
Die Speise wird heiß serviert.

Die Konsistenz beim Servieren gleicht dem klassischen italienischen Risotto.

Schweinefleisch mit Zwiebel und Granatapfelkernen
(für 3 Personen)

Das ist ein Schnellrezept.

600 g Schweinfleisch (Schlegel, nicht zu mager)
250 g Zwiebel (ca. 3 Stk)
1 Granatapfel
Salz und schwarzer Pfeffer

Das Fleisch gut waschen, würfelig schneiden (ca. 2,5 cm) und in einer Pfanne im eigenen Fett bei mittlerer Hitze braten (ca. 20 min). Sobald das Fleisch halb durch ist, den der Länge nach geschnittenen Zwiebel dazugeben und weiter garen (ca. 20 min). Falls das Fleisch nicht fett genug ist, ca. 100 mg Butter hinzufügen.
Während der Garungszeit gelegentlich rühren, damit Fleisch und Zwiebel nicht anbrennen. Zum Abschluss die Granatapfelkerne dazugeben, nochmals ca. 1 min kochen lassen und vom Herd nehmen. Die Speise wird heiß serviert.

Als Beilage eignen sich gebratene Kartoffeln.

Schweinsbraten mit Zwiebel, Zitrone und Granatapfelkernen
(für 3 Personen)

1 kg Schweinefleisch (Schlegel, Karree – das Fleisch sollte durchzogen sein)
2 Knoblauchzehen
300 g kleine Zwiebeln
1 Granatapfel
2 Zitronen
50 ml Sonnenblumenöl
Salz und roter, scharfer Pfeffer

Das Fleisch gut waschen, auf allen Seiten ca. 2 cm tief einschneiden. Knoblauch schälen, der Länge nach in Scheiben schneiden und in die Einschnitte stecken. Salz und roten Pfeffer mischen und das Fleischstück damit reichlich würzen. In einer gusseisernen Pfanne etwas Öl erhitzen und den Braten bei niedriger Hitze ca. 2 Std zugedeckt garen. Gelegentlich etwas heißes Wasser zugeben, um ein Austrocknen zu verhindern.
Sobald das Fleisch durch ist, den Pfannendeckel wegnehmen, Hitze erhöhen und das Fleisch von allen Seiten goldbraun braten. Danach vom Herd nehmen, den Braten auf einem Teller anrichten und Zitronensaft darüber träufeln. Mit Zwiebelringen und Granatapfelkernen garnieren.
Die Speise wird heiß serviert.

Wenn Adschika-Paste (siehe Rezept S. 178) im Haus ist, kann statt der Pfeffer-Salz-Mischung Adschika verwendet werden.
Als Beilage empfehle ich Blattsalat und eventuell gebratene Kartoffeln.

Tolma – Krautwickel
(für 8-10 Personen)

Mit faschiertem Fleisch gefüllte Krautblätter, Melanzani und Paprika.

3 kg Weißkraut
4 rote Paprika
1½ kg Rindsfaschiertes
½ kg Schweinsfaschiertes
5 große Zwiebeln
1 Tasse Reis
3 Melanzani
50 g frische Petersilie
50 g frischer Koriander
30 g frischer oder 1 TL getrockneter Oregano
30 g frisches, wenn möglich rotes Basilikum
1 kg frische pürierte Tomaten (ersatzweise Dosentomaten)
5 Knoblauchzehen
Schwarzer Pfeffer und Salz

Fülle: Alle frischen Kräuter, Zwiebel und Knoblauch durch den Fleischwolf drehen, danach Reis (ungekocht) Salz und Pfeffer dazugeben und mischen. Anschließend das Fleisch mit den Händen gut untermischen.

Vorbereitung: Vom Kraut zuerst den Krautstrunk entfernen, damit die Blätter gelöst werden können – man schneidet rund um den Krautstrunk konisch in den Krautkopf und entfernt so den Strunk. Einen Topf mit Wasser halb voll füllen, das Kraut nur so lange darin kochen, bis die Blätter gerollt werden können (ca. 10 min). Danach aus dem Wasser nehmen und, sobald das Kraut abgekühlt ist, Blätter voneinander trennen und Krautwickel herstellen: Die Krautblätter werden einzeln aufgelegt und ca. 2 EL Fülle in die Mitte gesetzt. Das Blatt wird um die Fülle gerollt und an beiden Enden eingeschlagen.
Melanzani in ca. 7 cm große Stücke schneiden und das Innere so herausnehmen, dass die Stücke an einem Ende unverletzt bleiben. Den frei gewordenen Hohlraum der Melanzanistücke füllen.
Kerngehäuse der Paprika entfernen und ebenfalls füllen.
Die Wickel, die gefüllten Paprika und die Melanzani in einen großen Topf legen. Wenn der Topf halb voll ist, die pürierten Tomaten und Wasser (ca. 200 ml) dazugeben, sodass das gefüllte Gemüse bedeckt ist, salzen. Es können weitere Lagen Krautwickel auf die Tomatenschicht gelegt werden – wichtig ist dabei, das Gemüse wiederum mit der gesalzenen Wasser-Tomaten-Mischung zu bedecken. Die Kochzeit beträgt bei niedriger Hitze ca. 2 Stunden.

Heiß serviert und mit Sauerrahm schmeckt Tolma am besten.
Zum Füllen eignen sich auch harte Tomaten.

Tschachochbili – Huhn in Tomatensauce
(für 5-6 Personen)

1 Huhn (ca. 1½ kg)
2 kleine Zwiebeln
3-4 Knoblauchzehen
50 g frischer Koriander
30 g frische Petersilie
1 kg Tomaten
Salz

Das Huhn wird zerteilt und in einem Topf oder in einer großen Pfanne angebraten. Nach 3 min wird der klein geschnittene Zwiebel dazugegeben, weiterbraten und mit Salz abschmecken. 3 min vor dem Ende der Bratzeit die pürierten Tomaten dazugeben und nicht länger als 3 min mitkochen, da sonst der frische Geschmack verloren geht. Den Topf vom Herd nehmen und fein gehackten Knoblauch, Koriander und Petersilie dazugeben.
Tschachochbili wird heiß serviert.

Im Winter können statt der frischen auch geschälte Tomaten aus der Dose verwendet werden.
Das Gericht schmeckt auch mit Fasan oder Pute.

TSCHACHOCHBILI – JUNGHUHN IN TOMATENSAUCE MIT KARTOFFELN
(für ca. 8 Personen)

2 Junghühner (ca. 1½ kg)
400 g Zwiebel
4 Knoblauchzehen
50 g frischer Koriander
30 g frische Petersilie
20 g frische Dille
10 g frische Pfefferminze
10 g frisches Bohnenkraut
5 g frischer Estragon
5 g frisches Basilikum
½ kg Kartoffeln
100 g Butter
Salz, scharfer roter Pfefferoni bzw. Cayennepfeffer

Die Hühner werden zerteilt und in einem Topf oder einer großen Pfanne angebraten. Nach 3 min Bratzeit Butter und würfelig (ca. 2 cm) geschnittene Kartoffeln dazugeben, nach weiteren 5 min den klein geschnittenen Zwiebel; fertig braten, mit Salz und Pfefferoni abschmecken.
Kurz bevor das Fleisch gar ist, Knoblauch und die fein gehackten Kräuter (Koriander, Dille, Basilikum, Estragon, Minze, Bohnenkraut und Petersilie) hinzufügen. Gut vermischen und warm servieren.

Tschakapuli – Lamm mit Estragon und Ringlotten
(für 3-4 Personen)

Ein beliebtes Frühlingsgericht aus Lammfleisch, Estragon und unreifen Ringlotten (georgisch: Alutscha). In Imeretien (Westgeorgien) wird diese Speise auch aus Ziegenfleisch zubereitet. In Georgien steht die Speise als Zeichen für Frühlingsstimmung – der kalte Winter ist vorbei.

½ kg Lamm (Schulterstück und 50 g Lammfett)
250 g unreife Ringlotten
100 g Zwiebel (2 Stk)
200 g Jungzwiebel (auch grüne Teile)
70 g frischer Estragon
30 g frischer Koriander
30 g frische Petersilie
20 g frische Dille
125 ml Weißwein
Salz und schwarzer Pfeffer

In einem Topf das gut gewaschene Lammfleisch würfelig (3 cm) und Zwiebel klein schneiden, beides im Lammfett ca. 15 min bei mittlerer Hitze braten. Danach zudecken und immer, wenn zu wenig Flüssigkeit im Topf ist, etwas Wasser dazugeben. Klein geschnittenen Jungzwiebel hinzufügen und weiterbraten. Nach ca. 10 min kommt der grob gehackte Estragon dazu (Achtung: Sollte der Strunk hart sein, vorher entfernen!). Heißes Wasser zugeben, bis das Fleisch nahezu bedeckt ist, und weitere 15 min kochen.
Gewaschene unreife Ringlotten im Ganzen, fein gehackten Koriander und Petersilie hinzufügen und mit Pfeffer und Salz abschmecken. Sobald die Ringlotten weich sind (sie sollten nicht zerkocht sein), den Weißwein dazugeben und vom Herd nehmen.
Frische Dille fein hacken, dazumischen und heiß servieren.

Tschanakhi – Lamm- oder Rindseintopf
(für 5-6 Personen)

1 kg Rindfleisch (Schulterscherzel)
60 g Rindsfett
600 g Tomaten (ca. 6 Stk)
½ kg Kartoffeln
650 g Melanzani (3 Stk)
200 g Zwiebel (ca. 3 Stk)
60 g frischer Koriander
50 g frisches Basilikum
30 g frische Petersilie
40 g Stangensellerie (nur Blätter)
5 große Knoblauchzehen (ca. 40 g)
Salz und schwarzer Pfeffer

Das Rindfleisch gut waschen, würfelig schneiden (3 cm) und in einem Topf ca. 10 min bei mittlerer Hitze leicht anbraten. Danach den in halbierte Ringe geschnittenen Zwiebel dazugeben und ca. 10 min weiterbraten.

Vorbereitung vor und während der Bratzeit:
Alle frischen Kräuter fein hacken, vermischen, salzen und pfeffern, den Knoblauch schälen und in längliche Stücke schneiden, das Rindsfett waschen und klein schneiden.
Die Melanzani waschen, vierteln, jedes Viertel der Länge nach einschneiden und Kräuter, Rindsfett und Knoblauchstreifen in die Schnitte stecken.
Kartoffeln schälen, waschen und halbieren. Tomaten waschen und im Ganzen belassen.
Nach in Summe 20 min Garzeit Melanzani, Tomaten im Ganzen und halbierte Kartoffeln in den Topf geben, salzen und pfeffern, die restlichen Kräuter und Rindsfett dazugeben, ca. 250 ml Wasser darüber gießen, zudecken und ca. 1-1½ Std bei niedriger Hitze kochen.
Die Speise wird so heiß wie möglich serviert.

Das Rezept wurde traditionell mit Lammfleisch und Schwanzfett in einer Tonschüssel gekocht. Der Kochvorgang bleibt gleich.

Süße Gerichte

Baisertorte mit Vanillecreme und Walnüssen

Zutaten für Baiser:
Eiweiß aus 10 Eiern
350 g Zucker
2 Packungen Vanillezucker

Zutaten für Vanillecreme:
1½ l Milch
Eigelb von 10 Eiern
300 g Zucker
250 g Butter
3 EL Kartoffelstärke
3 EL Weizenmehl
2 Packungen Vanillezucker

Dekoration:
200 g zerkleinerte Walnüsse (eventuell geviertelt)

Baiser: In einer trockenen Schüssel Eiweiß von 6 Eiern zu Schnee schlagen, nach und nach 200 g Zucker untermischen – das Mixen dauert mind. 20 min, zum Abschluss Vanillezucker dazumischen. Baiser auf einem mit Backpapier belegten Backblech gleichmäßig verteilen und im Backrohr bei niedriger Hitze (120 Grad) ca. 180 min backen – es sollte knusprig sein – danach herausnehmen, abkühlen lassen und die Ränder begradigen.
Die übrigen Zutaten (4 Eier, 150 g Zucker) wie oben zubereiten, nun aber auf dem Backblech mit einem Löffel runde oder mit einer Spritze hohe Schneckenformen bilden und im Backrohr bei niedriger Hitze (120 Grad) ca. 120 min backen.

Vanillecreme: 1 l Milch in einem Topf bei niedriger Hitze kurz aufkochen lassen. Eigelb mit 150 g Zucker in einer Schüssel gut mixen, Kartoffelstärke und Weizenmehl hinzufügen, 1-2 Schöpfer warme Milch dazumischen. Den Schüsselinhalt zur Milch in den Topf gießen, unter ständigem Rühren durchmischen. Bei sehr niedriger Hitze zum Aufkochen bringen, vom Herd nehmen, Vanillezucker zugeben, abschließend mit dem Mixstab zu einer glatten Creme verrühren und abkühlen lassen.
150 g Zucker und ½ l Milch in einem Topf kurz anwärmen, bis sich der Zucker aufgelöst hat, danach sofort abkühlen lassen. In einer Schüssel weiche Butter mit einem Mixer rühren, bis sie hell wird (ca. 10 min), anschließend den abgekühlten Milchsirup dazugeben und ca. 5 min weitermixen. Unter die Vanillecreme mischen.

Tortenzubereitung: Das flache Baiser wird gleichmäßig dick (ca. 1,5 cm) mit Vanillecreme bestrichen und mit Walnüssen bestreut. Darüber die Baiserkugeln stellen, Creme und Walnüsse in die Zwischenräume füllen. Auch den Tortenrand mit Creme bestreichen und mit Nussstücken bestreuen.

Die Torte kann auch eine Biskuitschicht haben. Die Schichtung sieht dann folgendermaßen aus: Biskuit, Creme, Nüsse, flaches Baiser, Creme, Nüsse, Kugelbaiser.

Gefüllte Äpfel
(für 4 Personen)

4 Äpfel (ca. 800 g) nicht zu saftige, saure Sorte
100 g durch den Fleischwolf gedrehte Walnüsse
8 TL Zucker
1 unbehandelte Zitrone
1 EL Rosinen

Zitrone gut waschen, abtrocknen, die Schale fein reiben und mit Walnüssen, Zucker und Rosinen vermischen. Äpfel gut waschen und mit einem scharfen Messer das Kerngehäuse um den Stängel herausschneiden. Äpfel mit der Masse füllen, in einer hohen Pfanne oder einem Topf mit einem Dunsteinsatz ca. 15-20 min dünsten. Die Garungsdauer hängt von der Apfelsorte ab. Vom Herd nehmen und warm servieren.

Sehr gut schmecken gefüllte Äpfel, wenn beim Servieren etwas Erdbeer-, Himbeer- oder Ribiselsirup darüber gegossen wird.
Das Rezept ist auch mit Quitten sehr beliebt. Die Kochzeit verlängert sich in diesem Fall auf 30-40 min.

Kondensmilchkuchen

800 g gezuckerte Kondensmilch
5 Eier
300 g Butter
2 unbehandelte Zitronen
200 g fein geriebene Walnüsse
400 g Zucker
700 g Mehl
2 Packungen Vanillezucker
1 TL Backpulver
4 EL Honig
2 cl Cognac

Teig: Eier und Zucker in einer Schüssel mit einem Mixer quirlen, bis die Farbe cremig-weiß wird. Walnüsse, geriebene Zitronenschale, Vanillezucker und Honig dazumischen. Danach sukzessive das Mehl zugeben und sehr gut mischen. Anschließend wird die Teigmasse in drei Teile geteilt, auf einem Backblech jeweils einen Teil ausbacken: Backpapier auf das Backblech legen, mit etwas Butter bestreichen, die Hände mit Wasser befeuchten und den Teig sehr dünn (ca. 0,5 cm) auf die Fläche streichen.
Das Backrohr bei 180 Grad vorheizen und bei voller Hitze ca. 20 min backen – Kontrolle mit einem Holzzahnstocher: Bleibt beim Stechen das Holz trocken, ist der Kuchen fertig. Er hat dann eine goldgelbe Farbe. Sofort nachdem der Kuchen aus dem Backrohr genommen wird, die Ränder begradigen – zu einem späteren Zeitpunkt geht das nicht mehr, da der Kuchen schnell austrocknet. Die Ränder werden zum Schluss zerbröselt und zur Dekoration verwendet.

Creme: Kondensmilch in der Dose lassen, in einem Topf mit Wasser 3 Std kochen. Dosen abkühlen lassen, danach öffnen. Die Kondensmilch sollte karamellfarben sein.
In einer separaten Schüssel die bereits weiche Butter mit dem Mixer rühren, bis sie weiß wird, 4 EL geriebene Walnüsse, die Kondensmilch, 1 Packung Vanillezucker und Cognac dazugeben, gut durchmischen.

Der Kuchen wird in drei Schichten aufgebaut. Auf der untersten Kuchenschicht eine ca. 1 cm dicke Cremeschicht auftragen, die zweite Kuchenschicht drauflegen, danach wiederum Cremeschicht, Kuchenschicht und Cremeschicht. Zum Schluss die zerbröselten Randstücke gleichmäßig auf der letzten Cremeschicht verteilen.

Der Kuchen sollte vor dem Servieren mindestens 10 Std im Kühlschrank ziehen.

Fastenkuchen mit Apfel und Zitrone

5 Äpfel
2 unbehandelte Zitronen
70 g Rosinen
70 g geviertelte Walnusshälften
300 g Zucker
400 g Dinkelmehl
2 Packungen Vanillezucker
1 TL Backpulver
80 ml Olivenöl

Die Äpfel schälen und reiben, Zitronenschalen ebenfalls fein reiben. In einer Schüssel Äpfel, Zitronenschale, Zucker, Dinkelmehl, Vanillezucker, Backpulver und Olivenöl mit einem Löffel gut durchmischen. Danach die Rosinen und die geviertelten Walnusshälften dazugeben, mischen und eine runde Kuchenform (Durchmesser 28 cm) mit der Masse füllen.
Im vorgeheizten Backrohr bei 175 Grad ca. 50 min backen.

Kuchen in der Mitte mit einem Holzzahnstocher anstechen. Wenn der Zahnstocher trocken bleibt, ist der Kuchen fertig.
Gut eignet sich die Apfelsorte Topaz.
Statt der Zitronen können auch biologische Orangen verwendet werden.

Gosinaki – Walnüsse mit Honig

Gosinaki sind sehr beliebt und werden nur zu Silvester zubereitet und serviert.

1 kg Walnüsse
½ kg Honig
4 Stk Würfelzucker

Walnüsse werden fein blättrig geschnitten. Der Honig wird in einen Topf gegossen und unter ständigem Rühren mit einem Holzkochlöffel langsam erwärmt. Sobald der Honig anfängt zu kochen, wird die Hitze verringert und der Würfelzucker dazugegeben. Unter ständigem Rühren weitere 20 min kochen. Die blättrig geschnittenen Walnüsse hinzufügen und weitere 5 min rühren. Der Honig wird von den Walnüssen aufgesaugt.
Ein großes Holzbrett wird mit Wasser befeuchtet (möglichst schon vor der Kochprozedur vorbereiten!). Die Walnuss-Honig-Masse wird auf das Holzbrett gegeben und mit gut befeuchteten Händen flach gedrückt. Mit einem nassen Nudelholz die Masse bis zu einer Höhe von ca. 1 cm auswalken. Mit einem nassen Messer diagonal schneiden, sodass Rhomben mit einer Seitenlänge von ca. 5 cm entstehen. Die so zubereiteten Teilchen werden auf einen großen Teller gelegt und serviert.

Kolio *(Z'andili)* mit Honig, Walnüssen und Rosinen

Diese Grütze aus Weizen, Honig oder Zucker, Rosinen, Walnüssen oder Mandeln stammt aus Ostgeorgien. Das Gericht wird im Gedenken an einen Verstorbenen zubereitet (siehe Kelekhi), damit dessen Seele nicht Hunger leidet.
Kolio wird aber auch als Alltagsnachspeise gekocht.

250 g Weizen
100 g Honig
50 g Zucker
100 g geviertelte Walnusshälften
100 g Rosinen
1,7 l Wasser

Weizen gut durchspülen und in einem Topf mit der angegebenen Menge Wasser ca. 2½ Std bei niedriger Temperatur kochen. Danach Rosinen und Zucker dazugeben, weitere 10 min kochen und vom Herd nehmen. Anschließend Walnüsse und Honig dazumischen, den Topf in ein dickes Frotteetuch wickeln und ca. 2 Std ziehen lassen.
Diese Süßspeise wird in kleinen Schüsseln kalt serviert.

Die Konsistenz sollte nicht trocken sein. Während der Zugabe von Rosinen und Zucker eventuell etwas Wasser ergänzen.
Statt der Walnüsse können Mandeln verwendet werden.

Sommertorte mit Erdbeeren oder roten Johannisbeeren

Zutaten für Biskuitteig:
10 Eier
300 g Mehl
350 g Zucker
1 Packung Vanillezucker
1 TL Backpulver

Zutaten für Biskuitsirup:
130 g Zucker
200 mg Wasser
50 mg frisch gepresster Erdbeer- oder Johannisbeersaft
4 EL Cognac

Zutaten für Vanillecreme:
1 l Milch
9 Eigelb
200 g Zucker
3 EL Kartoffelstärke
3 EL Weizenmehl
1 Packung Vanillezucker

Zutaten für Buttercreme:
300 g Butter
140 g Zucker
50 ml Milch
1 Packung Vanillezucker

Dekoration:
1 kg Erdbeeren oder rote Johannisbeeren

Teig: Eiweiß vom Eigelb trennen, in einer trockenen Schüssel Eiweiß zu Schnee schlagen, nach und nach Zucker dazumischen – die Mixzeit beträgt mind. 20 min. Danach ein Eigelb nach dem anderen zugeben und mit dem Vanillezucker gut durchmixen. Zum Abschluss werden Mehl und Backpulver mit einem Löffel (nicht mit dem Mixer!) vorsichtig untergehoben. Teig in eine Tortenform füllen: Die handelsüblichen Tortenformen sind zu niedrig.
Den Rand der Tortenform mit Backpapier so auslegen, dass es die Oberkante der Tortenform um 4 cm überragt. Damit wird verhindert, dass der Teig aus der Form quillt. Im vorgeheizten Backrohr bei 180 Grad ca. 40-50 min backen. Danach herausnehmen und abkühlen lassen.

Biskuitsirup: In einem kleinen Topf das Wasser mit dem Zucker kurz aufkochen lassen, vom Herd nehmen, Cognac und frisch gepressten Fruchtsaft dazugeben und abkühlen lassen.

Vanillecreme: Milch in einem Topf bei niedriger Hitze kurz aufkochen lassen. Eigelb mit Zucker in einer Schüssel gut mixen, Kartoffelstärke und Weizenmehl zugeben, 1-2 Schöpfer warme Milch untermischen. Den Schüsselinhalt in den Topf gießen, langsam durchmixen. Bei sehr niedriger Hitze zum Aufkochen bringen, vom Herd nehmen, Vanillezucker dazugeben, abschließend mit dem Mixstab zu einer glatten Creme verrühren und abkühlen lassen. 4-5 EL Buttercreme dazumischen.

Buttercreme: Zucker und Milch in einem Topf erwärmen, bis der Zucker sich auflöst, danach sofort abkühlen lassen. In einer Schüssel weiche Butter mit einem Mixer ca. 10 min schlagen, bis sie hell wird, anschließend den abgekühlten Milchsirup dazumischen und ca. 5 min weiter mixen. 4-5 EL in die Vanillecreme geben.

Tortenzubereitung:
Abgekühlten Tortenbiskuit horizontal durchschneiden. Den unteren Tortenteil auf einen Tortenteller legen, die Hälfte des Sirups mit einem Löffel gleichmäßig darauf verteilen. Vanillecreme gleichmäßig verstreichen und mit halbierten Erdbeeren oder Johannisbeeren belegen. Die zweite Biskuithälfte mit der Schnittfläche nach oben auflegen, mit Sirup und einer dünnen Schicht Vanillecreme bestreichen. Vorsichtig die obere Biskuithälfte auf die untere legen. Die restliche Vanillecreme in die Buttercreme einrühren und die Torte oben und am Rand damit bestreichen.

Nach Geschmack mit Erdbeeren oder Johannisbeeren dekorieren.

Unbedingt 5 Std im Kühlschrank ziehen lassen. Der Biskuitteil wird in dieser Zeit saftig und schmeckt noch besser.
Durchmesser der Tortenform: 30 cm.

Pelamuschi – Griessbrei mit Traubensaft
(für 5 Personen)

Breiartige Nachspeise aus eingedicktem Traubensaft und Mais- oder Weizenmehl.

1 l roter oder weißer Traubensaft
150 g Maisgrieß

Traubensaft in einen Topf schütten und bei mittlerer Hitze langsam mit einem Holzkochlöffel Maisgrieß einrühren – bis zum Aufkochen ständig rühren. Bei niedriger Hitze ca. 40-50 min eindicken lassen, gelegentlich gut durchrühren, um Klumpenbildung zu vermeiden. Die Masse ist fertig gekocht, wenn der Mehlgeruch und -geschmack verschwunden ist. Danach vom Herd nehmen.
Eine beliebige Form mit kaltem Wasser spülen, die heiße Masse einfüllen, ca. 15 min abkühlen lassen und in den Kühlschrank geben.
Vor dem Servieren auf einen großen Teller stürzen. Portionieren und auf kleinen Tellern mit Walnussstücken garniert servieren.

Dieses Dessert schmeckt auch mit Weizenmehl sehr gut – der georgische Name für diese Variation heißt »Tatara«.

Plowi – Reis mit Sauerkirschen und Mandeln

(für 6 Personen)

¼ kg Reis (Basmati)
½ kg Sauerkirschen
60 g blättrig geschnittene Mandeln
150 g Zucker
40 g Butter
1 Prise Salz

Reis waschen, bis das Wasser klar bleibt. Danach mit der 1½-fachen Menge Wasser und etwas Salz kochen lassen, bis das Wasser verdunstet ist (ca. 15 min).

Sauerkirschen gut waschen und entkernen. Die entkernten Kirschen in einen Topf geben, zuckern und 30 min ziehen lassen. In der Zwischenzeit Mandeln in einer Pfanne bei mäßiger Hitze leicht hellbraun anrösten, am Ende Butter dazugeben, schmelzen lassen und gut vermischen, danach vom Herd nehmen. Die Mandeln zu den Kirschen geben, einmal kurz aufkochen lassen und abschalten. Nun kann die Kirschsauce in den Topf mit dem Reis gegossen werden. Den Reistopf in ein dickes Handtuch wickeln und ca. 30 min ziehen lassen.

Plowi wird warm serviert.

Die Sauce kann auch separat serviert werden. In diesem Fall den Reis auf Tellern anrichten und die Sauce darüber gießen.

Die Speise kocht man auch mit frischen Kornelkirschen. Das Verhältnis Reis-Frucht bleibt gleich.

Plowi – Reis mit Trockenfrüchten
(für 6 Personen)

½ kg Reis (Basmati)
80 g Rosinen
80 g getrocknete Marillen
40 g getrocknete Dörrzwetschken
50 g getrocknete Birnen
1½ Tassen Zucker
80 ml Olivenöl

Reis waschen, bis das Wasser klar bleibt, danach mit der 1½-fachen Menge Wasser und etwas Salz kochen lassen, bis das Wasser verdunstet ist (ca. 10 min).
Rosinen in Olivenöl bei niedriger Hitze rösten, bis sie aufspringen (ca. 5 min). Zucker und die restlichen Trockenfrüchte dazugeben – die größeren Früchte (z.B. getrocknete Birnen) können der Länge nach geschnitten werden – und 15 min unter oftmaligem Rühren weiterbraten. Falls der Zucker das gesamte Öl aufgesaugt hat, noch etwas Öl dazugeben.
Die Früchte werden in den Reistopf gekippt und sehr gut eingerührt. 25 min auf sehr kleiner Stufe ziehen lassen. Danach vom Herd nehmen, in eine Decke oder ein großes Tuch wickeln. Nach 1 Stunde ist die Speise fertig. Plowi wird warm serviert.

Gemeinsam mit den Trockenfrüchten können auch fein gehackte Walnüsse oder Mandeln geröstet werden.

Plowi im Kürbis
(für 5-6 Personen)

Kürbis im Ganzen, ca. 5 kg
300 g Reis (Basmati)
100 g Rosinen
50 g getrocknete rote Beeren
100 g getrocknete Marillen
100 g Dörrzwetschken
100 g klein geschnittene Walnüsse
1 unbehandelte Zitrone
1 frische Orange
1 frischer Apfel
150 g Honig
2 EL Olivenöl

Reis waschen, bis das Wasser klar bleibt, danach in einem mittelgroßen Topf mit der 1½-fachen Menge Wasser und etwas Salz kochen, bis das Wasser verdunstet ist (ca. 10 min), und anschließend vom Herd nehmen.
Alle Trockenfrüchte, Walnüsse, Apfelstücke (ungeschält), Orangenstücke und geriebene Zitronenschale mit dem Olivenöl unter den Reis mischen. Den Topf in eine Decke oder ein großes Tuch wickeln, den Reis ziehen lassen.
Kürbis sehr gut waschen, oben den Deckel abschneiden, vorsichtig abziehen, mit einem Löffel das Kürbisinnere auskratzen und wegwerfen. Backblech mit etwas Wasser (ca. 100 ml) benetzen, Kürbis samt Deckel darauf legen und bei ca. 160 Grad im Backrohr 1-1½ Std backen. Das Fruchtfleisch sollte weich werden, der Kürbis soll aber nicht auseinander fallen. Kürbis herausnehmen, Reis-Früchte-Mischung einfüllen und weitere 10 min im Backrohr backen. Danach aus dem Backrohr nehmen, den Honig dazugeben, gut mit dem Reis vermischen und mit dem Kürbisdeckel zudecken.
Plowi wird sofort serviert.

Topfen-Paska
(für 10 Personen)

Das ist keine traditionell georgische Speise. Sie kommt ursprünglich aus Russland, wird seit ca. 100 Jahren in Georgien als Süßspeise offeriert und ist in dieser Zeit häufig variiert worden.

2 kg körniger Topfen (normale Fettstufe)
8 Eier
400 g Zucker
400 g Butter
400 g Sauerrahm
100 g Walnüsse
100 g getrocknete Marillen
100 g Rosinen
2 Packungen Vanillezucker
100 ml Cognac

In einer großen Schüssel Topfen mit Sauerrahm mischen. Eier trennen, in einer separaten Schüssel zunächst das Eiweiß zu Schnee schlagen und vorsichtig unter die Topfen-Sauerrahm-Masse (=Hauptschüssel) mischen. Eigelb gut mit Zucker verquirlen, bis es hell wird, und in die Hauptschüssel dazumischen. Butter bei sehr niedriger Hitze zum Schmelzen bringen, ebenfalls untermischen. Die Masse kommt nun in einen Topf und wird langsam auf ca. 40 Grad erhitzt (nicht zum Kochen bringen!), anschließend vom Herd nehmen und Vanillezucker untermischen.
Ein dünnes Stofftuch in ein großes Sieb breiten, die Masse einfüllen und 14-16 Std entwässern lassen – die Konsistenz gleicht danach trockenem Topfen. Walnüsse klein scheiden, in einer Pfanne leicht anrösten. Getrocknete Marillen der Länge nach schneiden, die halbe Menge der Marillen zusammen mit der Hälfte der Walnüsse und Rosinen in die Masse einmischen.
Wiederum in ein mit einem Stofftuch ausgelegtes großes Sieb füllen und ca. 5 Std im Kühlschrank ziehen lassen.
Auf einen Servierteller stürzen, mit den restlichen Marillen und Walnüssen dekorieren und servieren.

Je nach Geschmack kann der Saft einer Zitrone dazugegeben werden. Das sollte geschehen, bevor die Paska in den Kühlschrank kommt.

Tschurtschkhela – Hasel- oder Walnüsse in getrocknetem Traubensaft
(für 5 Personen)

Tschurtschkhela wird im Herbst aus frischem Traubensaft zubereitet. Es können verschiedene Nusssorten verwendet werden, die beliebtesten sind Hasel- oder Walnüsse. Tschurtschkhela wird im Herbst und Winter gemeinsam mit anderen Trockenfrüchten in einer Schüssel serviert.

1 l roter oder weißer Weintraubensaft
200 g gute, frische Hasel- oder Walnüsse
ca. 150 g Mais- oder Weizenmehl

Walnusskerne vierteln (falls Haselnüsse verwendet werden, kurz anrösten und die Haut entfernen). Die Nusskerne mit Hilfe einer Nadel auf einen ca. 20 cm langen Seiden- oder Baumwollfaden fädeln.
Frischen Traubensaft (ca. 2 l) in einen Topf schütten, auf die Hälfte des Volumens einkochen, vom Herd nehmen, abkühlen lassen und anschließend bei niedriger Hitze langsam mit einem Holzkochlöffel Mehl einrühren. Ca. 30 min eindicken lassen und gelegentlich gut durchrühren, um Klumpenbildung zu vermeiden. Der Saft ist fertig, wenn der Mehlgeruch und -geschmack verschwunden ist. Danach vom Herd nehmen und abkühlen lassen.
Wenn der Traubendicksaft auf Raumtemperatur abgekühlt ist, Nussketten in den Topf tunken und zum Antrocknen aufhängen, ohne dass die Ketten einander berühren. Diesen Vorgang in Summe dreimal wiederholen, solange der an den Nussketten angetrocknete Saft noch etwas weich ist.
Danach in Baumwollstoff wickeln und kühl und trocken aufbewahren.

Zitronenroulade

6 Eier
1 unbehandelte Zitrone
150 g Rosinen
150 g Mehl
200 ml Kondensmilch
50 g Butter
400 g Zucker
1 Packung Vanillezucker
1 TL Backpulver
Staubzucker (nach Geschmack)

Eiweiß vom Eigelb trennen. In einer Schüssel Eiweiß und 200 g Zucker zu Schnee schlagen. Eigelb nach und nach dazumischen und weiter schlagen. Die Butter bei niedriger Hitze zum Schmelzen bringen, abkühlen lassen, zusammen mit der Kondensmilch und dem Vanillezucker einmischen und weiter schlagen.
Backpapier auf einem kalten Backblech ausbreiten, mit Butter einstreichen und den Teig gleichmäßig aufstreichen. Das Backblech für ca. 20 min in das bereits vorgeheizte Backrohr (ca. 170 Grad) geben.

Rouladenfülle: Die Zitrone gut waschen, in vier Teile schneiden, entkernen und gemeinsam mit den Rosinen durch den Fleischwolf drehen. In einer Schüssel den restlichen Zucker dazugeben und gut vermischen.

Sobald der Teig fertig gebacken ist, aus dem Backrohr nehmen, die Fülle auftragen und vorsichtig rollen, solange der Kuchen warm ist.

Die Roulade auf einen Teller legen und mit Staubzucker bestreuen.

Mit einem Holzzahnstocher kann geprüft werden, ob der Teig fertig gebacken ist. In der Mitte anstechen. Wenn der Zahnstocher trocken bleibt, ist der Kuchen fertig.

Zitronentorte mit Baiser

Teig:
4 Eigelb
400 g Mehl
250 g Butter
120 g Zucker
1 Packung Vanillezucker
1 TL Backpulver
1 EL Cognac
1 EL Wasser
1 Prise Salz

Zutaten für Creme:
6 Eigelb
400 g Zucker
1 Packung Vanillezucker
3 unbehandelte Zitronen
3 EL Kartoffelstärke
400 ml Wasser

Zutaten für Baiser:
4 Eiweiß
1 Packung Vanillezucker
200 g Zucker
1 unbehandelte Zitrone

Teig: Butter schmelzen, etwas abkühlen lassen. In einer Schüssel Eigelb und Zucker mit einem Mixer verrühren, bis das Eigelb hell wird, Butter dazumischen. Eine Prise Salz, Cognac, Wasser und Vanillezucker beimengen und gut durchmixen, danach Mehl und Backpulver langsam einmischen. Backpapier auf ein kaltes Backblech breiten und den ausgerollten Teig auflegen. Das Backblech für ca. 20 min in das bereits vorgeheizte Backrohr (ca. 200 Grad) geben. Danach herausnehmen und Kuchen langsam abkühlen lassen.

Creme: 6 Eigelb mit 250 g Zucker und Vanillezucker in einer Schüssel gut verrühren, die Kartoffelstärke dazugeben, die Zitronen gut waschen, abtrocknen, die Zitronenschale abreiben und zur Creme mischen. Wasser, 100 g Zucker und den Saft von drei Zitronen in einem Topf für ca. 1 min zum Sieden bringen. Sobald der Saft kocht, Hitze stark reduzieren und das Ei-Zucker-Gemisch vorsichtig und unter ständigem Rühren zugeben (um Klumpen zu verhindern, kann auch der Mixer auf kleiner Stufe verwendet werden). Die Kochzeit

beträgt ca. 10 min, die Creme dickt dabei etwas ein. Vom Herd nehmen und langsam abkühlen lassen.
Baiser-Zubereitung: 4 Eiweiß mit Zucker und Vanillezucker zu Schnee schlagen. Geriebene Zitronenschale vorsichtig untermischen.
Die Creme mit einer Teigkarte vorsichtig auf die Kuchenschicht streichen. Die Teigkarte waschen, abtrocknen und das Baiser über die Creme verteilen. Das Backblech wird nun mit Oberhitze im Ofen hellbraun überbacken. Danach herausnehmen und abkühlen lassen.

Die Zitronentorte ist servierfertig.

Eingelegtes Gemüse

Melanzani mit scharfem Pfefferoni und Koriander

7½ kg Melanzani
2½ kg Zwiebel
150 g Knoblauch
250 g roter scharfer Pfefferoni
100 g frischer Koriander
4 TL gemahlener Koriander
4 TL Khmeli-Suneli (siehe Nützliches & Wissenswertes)
2 TL Safran (siehe Nützliches & Wissenswertes)
450 ml Weinessig
250 ml Wasser
400 ml Sonnenblumenöl
Salz

Melanzani gut waschen, in 1 cm dicke Scheiben schneiden, die Stücke einsalzen und 6 Std ziehen lassen. Danach durch kräftiges Drücken zwischen den Handballen die Restflüssigkeit aus den Melanzanischeiben pressen, in einer Pfanne Sonnenblumenöl erhitzen und beidseitig hellbraun anbraten. Nach dem Braten die Stücke in ein Abtropfsieb legen. Zwiebel schälen, in Ringe schneiden und in einer separaten Pfanne goldgelb braten.
Geschälten Knoblauch, Pfefferoni und frischen Koriander durch den Fleischwolf drehen. Diese Mischung in einem Topf zusammen mit Wasser und Essig ca. 15 min bei niedriger Hitze kochen, vom Herd nehmen und abkühlen lassen. Nun in einer großen Schüssel Melanzani, Zwiebel und die Kräutermischung samt den Gewürzen zusammenmischen und ca. 2 Std ziehen lassen. Danach in pasteurisierte Einmachgläser füllen, vor dem Verschließen mit Öl bedecken (hier kann das Bratöl verwendet werden) und an einem kühlen Ort aufbewahren.
Die eingelegten Melanzani sind ca. 1 Jahr haltbar.

Melanzani mit Granatäpfeln und Kräutern

5 kg Melanzani
1½ kg Zwiebel
150 g Knoblauch
1 kg Granatäpfel
5 scharfe rote Pfefferoni
150 g frischer Koriander
5 TL gemahlener Koriander
5 TL Khmeli-Suneli (siehe Nützliches & Wissenswertes)
5 TL Safran (siehe Nützliches & Wissenswertes)
450 ml Weinessig
250 ml Sonnenblumenöl
350 ml Wasser
Salz

Melanzani gut waschen, in 1 cm dicke Scheiben schneiden, die Stücke einsalzen und 6 Std ziehen lassen. Danach durch kräftiges Drücken zwischen den Handballen die Restflüssigkeit aus den Melanzanischeiben pressen, in einer Pfanne Sonnenblumenöl erhitzen und beidseitig hellbraun anbraten. Nach dem Braten die Stücke in ein Abtropfsieb legen. Zwiebel schälen, in Ringe schneiden und glasig anbraten. Geschälten Knoblauch, Pfefferoni und frischen Koriander durch den Fleischwolf drehen. Zu dieser Mischung die Gewürze (Koriander, Khmeli-Suneli und Safran) geben und gut durchmischen.
In einem Topf Wasser, Essig und Öl zum Kochen bringen und abkühlen lassen. In einer sehr großen Schüssel alle Zutaten mit den Grantapfelkernen vermischen und 5 Std ziehen lassen. Gelegentlich umrühren.
Die Melanzani-Granatapfel-Kräuter-Mischung in pasteurisierte, trockene Einmachgläser füllen. Vor dem Verschließen prüfen, ob das eingelegte Gemüse mit Öl bedeckt ist. Im Bedarfsfall etwas Öl zum Kochen bringen, abkühlen lassen und das Gemüse damit bedecken.
An einem kühlen Ort aufbewahren.

Melanzani mit Paprika, Tomaten, scharfem Pfefferoni und frischen Kräutern

6 kg Melanzani
1 kg Zwiebel
1 kg roter Paprika
2 kg Tomaten
100 g Knoblauch
3 rote scharfe Pfefferoni (Menge nach Geschmack)
100 g frische Petersilie
100 g frische Sellerieblätter
1 l Sonnenblumenöl
Salz

Melanzani gut waschen, geschält oder ungeschält in 1 cm dicke Scheiben schneiden, die Stücke einsalzen und ca. 12 Std (z.B. über Nacht) ziehen lassen. Alle frischen Kräuter waschen und auf einem Tuch zum Trocknen auflegen.

Durch kräftiges Drücken mit den Handballen die Restflüssigkeit aus den Melanzanischeiben pressen, in einer Pfanne Sonnenblumenöl erhitzen und beidseitig hellbraun anbraten. Nach dem Braten die Stücke in eine Schüssel geben. Paprika waschen, Strunk und Kerne entfernen, in Ringe oder in Streifen schneiden. Pfefferoni ringförmig schneiden, frische Kräuter und geschälten Knoblauch fein hacken. Tomaten waschen, vierteln und in einem Topf bei niedriger Hitze kochen, bis sie etwas eindicken, danach abkühlen lassen und durch ein Sieb passieren, um die Haut zu entfernen. Kräuter, Knoblauch und Pfefferoni zur Tomatensauce mischen und gut durchrühren.

Zwiebel schälen, in Ringe schneiden, in einer separaten Pfanne glasig braten, geschnittenen Paprika hinzufügen und fertig braten. Danach Melanzani und Zwiebel-Paprika-Mischung in den Topf mit der Tomatensauce geben und ca. 10 min bei niedriger Hitze kochen, vom Herd nehmen.

Danach in pasteurisierte Einmachgläser füllen und verschließen. Die gefüllten, verschlossenen Gläser in einen großen Topf mit Wasser stellen. Die Gläser sollten zu 2/3 im Wasser stehen, bei niedriger Hitze ca. 45 min kochen lassen.

Die eingelegten Melanzani sind ca. 1 Jahr lang haltbar.

Rote Paprika mit Kräutern gefüllt

5 kg roter Paprika
300 g Knoblauch
200 g grüne Sellerieblätter
100 g frische Petersilie
4 Lorbeerblätter
15 Pimentkörner
20 schwarze Pfefferkörner
½ l Sonnenblumenöl
300 ml Weißweinessig
3 Stk Würfelzucker
Salz

Paprika gut waschen, das Kerngehäuse entfernen, ohne die Paprika zu teilen. Frische Kräuter waschen und grob hacken, Knoblauch schälen und der Länge nach vierteln. Öl, Essig, Lorbeerblätter, Pfefferkörner, Pimentkörner und Würfelzucker bei mäßiger Hitze in einem Topf aufkochen lassen, dann gehackte Kräuter und Knoblauch dazugeben und bei niedriger Hitze kochen lassen, bis die Kräuter dunkel werden (max. 15 min). Danach die Mischung in einem Sieb über einem zweiten Topf abtropfen lassen. Im abgetropften Öl Paprika von allen Seiten kurz braten – der Paprika soll weich, aber nicht braun werden. Alles abkühlen lassen.
Paprika nun mit der Kräuter-Knoblauch-Mischung füllen und in sterilisierte Gläser legen. Verbleibende Zwischenräume mit der Kräutermischung und dem Bratsaft auffüllen.
Die gefüllten, verschlossenen Gläser in einen großen Topf mit Wasser stellen. Die Gläser sollten zu 2/3 im Wasser stehen, bei niedriger Hitze ca. 30 min kochen lassen. So kann dieses eingelegte Gemüse ein ganzes Jahr aufbewahrt und bei Bedarf verwendet werden.

Rote Rüben mit Paprika und Karotten

2 kg Rote Rüben
2 kg roter Paprika
2 kg Karotten
1½ kg Zwiebel
2½ Knoblauchknollen
3 Dosen passierte Tomaten (750 g)
2 TL gemahlener Koriander
1 TL roter scharfer gemahlener Pfefferoni
300 ml Sonnenblumenöl
Salz

Rüben, Paprika und Karotten gut waschen. Rüben und Karotten schälen, grob reiben und zusammen in eine Schüssel geben. Paprika entkernen und durch den Fleischwolf drehen. Zwiebel und Knoblauch schälen und klein schneiden.

In einer großen Pfanne 300 ml Öl erhitzen und den geschnittenen Zwiebel glasig anbraten, danach Rote Rüben und Karotten dazugeben, nach ca. 10 min Paprikamasse dazumischen und weitere 10 min braten, danach vom Herd nehmen.

Passierte Tomaten, Koriander und Knoblauch in einem Topf bei mäßiger Hitze 5-10 min kochen, vom Herd nehmen und in die Pfanne mit dem restlichen Gemüse geben, gut durchmischen, noch warm in sterilisierte Gläser füllen und verschließen. An einem trockenen, kühlen Ort lagern.

Beim Servieren mit frischem, fein gehacktem Koriander garnieren.

Eingelegtes Weisskraut

1 kg Weißkraut
400 g Rote Rüben
200 g Sellerieblätter mit Knolle
6 Knoblauchzehen
2 Lorbeerblätter
2 l Wasser
1 frischer roter scharfer Pfefferoni
4 EL Salz

Weißkraut gut waschen, die äußersten Blätter entfernen, Krautkopf vierteln und holzige Teile um den Strunk entfernen, Kraut für 3 min in siedendes Wasser legen, damit die Bitterstoffe entweichen können. Rote Rüben schälen, gut waschen und in 1,5 cm dicke Scheiben schneiden.
In einem Topf mit 2 l Wasser Sellerie im Ganzen, geschälten Knoblauch, Lorbeerblätter, Pfefferoni und Salz bei mittlerer Hitze 2 min kochen, vom Herd nehmen und abkühlen lassen.
Abwechselnd Kraut und Rote Rüben in ein Einmachglas schichten, dazwischen gekochte Sellerie, Knoblauch und Lorbeerblätter ins Glas legen, anschließend die Brühe darüber gießen, mit einem Teller zudecken, einen schweren Gegenstand darauf legen und an einem trockenen Ort mit gleichmäßiger Temperatur lagern. Das eingelegte Gemüse muss immer mit Wasser bedeckt sein, falls es verdunstet, Salzwasser nachgießen.
Nach 4 Tagen ist das Gemüse servierfertig. Es passt hervorragend zu Bohnengerichten. An einem kühlen Ort ist es ca. 3 Wochen haltbar.

Saucen & Pasten

Adschika, scharf

Variation 1

1½ kg roter, scharfer Pfefferoni
1 kg Knoblauch
200 g frischer Koriander
5 EL gemahlener Koriander
3 EL Khmeli-Suneli (siehe Nützliches & Wissenswertes)
2 TL getrocknetes Bohnenkraut
1 TL Safran (siehe Nützliches & Wissenswertes)
150 g Salz

Pfefferoni gut waschen, halbieren und das Innere und den Strunk entfernen. Geschälten Knoblauch, Pfefferoni und frischen Koriander durch den Fleischwolf drehen, mit Salz und den Gewürzen gut mischen und in einem Topf eine Woche stehen lassen. Gelegentlich mit einem Holzkochlöffel umrühren. Nach einer Woche in luftdicht verschließbare Gläser füllen und an einem kühlen und dunklen Ort aufbewahren. Die Gläser müssen sehr gut gereinigt und beim Abfüllen trocken sein.

Bei der Zubereitung darauf achten, dass die frisch gewaschenen Zutaten vor dem nächsten Verarbeitungsschritt trocken sind.
Die Sauce wird zu gebratenem oder gekochtem Fleisch serviert.
Scharfes Adschika kann auch zum Marinieren von Fleisch verwendet werden, das anschließend gebraten wird.

Variation 2

1 kg scharfer roter Pfefferoni
3 kg roter Paprika
200 g Knoblauch
100 ml Weinessig
Salz

Pfefferoni und Paprika gut waschen, halbieren und das Innere und den Strunk entfernen. Gemeinsam mit geschältem Knoblauch durch den Fleischwolf drehen, mit Salz gut mischen und in einem Topf drei Tage lang stehen lassen. Gelegentlich mit einem Holzkochlöffel umrühren. Anschließend in luftdicht verschließbare Gläser füllen und an einem kühlen und dunklen Ort aufbewahren. Die Gläser müssen sehr gut gereinigt und beim Abfüllen trocken sein.

Berberitzensauce
(für 5-6 Personen)

200 g getrocknete Berberitzen
2 Knoblauchzehen
40 g frischer Koriander
10 g frische Petersilie
20 frische Dille
50 g Jungzwiebel (grüne Teile)
Salz und frischer scharfer Pfefferoni

Berberitzen in einem Topf mit Wasser bedecken und ca. 15 bis 20 min bei mittlerer Hitze kochen, bis sie weich sind. Berberitzen samt Flüssigkeit durch ein feines Sieb in eine Schüssel passieren. Die Konsistenz ist mit der einer Cremesuppe vergleichbar – eventuell noch etwas lauwarmes Wasser hinzufügen.
Alle frischen Kräuter fein hacken, Knoblauch pressen und der Sauce beimengen. Mit Salz und scharfen Pfefferonistücken abschmecken.

Die Sauce wird zu allen gebratenen oder gekochten Fleischsorten, aber auch zu Fisch angeboten.

Brombeersauce

200 g Brombeersaft oder ca. 300 g frische Brombeeren
2 Knoblauchzehen
30 g frischer Koriander
Salz

Brombeeren entsaften (z.B. durch ein feines Sieb in eine Schüssel passieren oder mit elektrischer Saftpresse). Frischen Koriander fein hacken, Knoblauch pressen, der Sauce beimengen und gut mischen. Mit Salz abschmecken.

Diese Sauce ist sofort zu verwenden und wird nur zu gebratenen oder gekochten Geflügelspeisen gegessen. Sauce direkt über das Fleisch gießen.
Am Frühlingsende bildet der Koriander Blütenstände und Samenknospen, die für diese Sauce verwendet werden können. Knospen mit geschältem Knoblauch mischen, im Mörser zerstampfen und der Sauce beimengen.
Es können auch 80 g durch den Fleischwolf gedrehte Walnüsse dazugegeben oder zwei Säfte, z.B. Weintrauben- und Brombeersaft im Verhältnis 40 : 60, kombiniert werden, die weiteren Zutaten sind in diesem Fall frischer Koriander, frische Dille, Pfefferoni, Knoblauch und Salz.

Kornelkirschensauce
(für 5-6 Personen)

200 g getrocknete Kornelkirschen
2 Knoblauchzehen
40 g frischer Koriander
20 g frische Dille
½ TL gemahlener Koriander
Salz und frischer scharfer Pfefferoni

Kornelkirschen waschen, in einem Topf mit Wasser bedeckt bei mittlerer Hitze kochen, bis sie weich sind. Mitsamt der Flüssigkeit durch ein feines Sieb in eine Schüssel passieren. Die Konsistenz ist breiig – bei Bedarf noch etwas lauwarmes Wasser hinzufügen.
Alle frischen Kräuter fein hacken, Knoblauch in einem Mörser zusammen mit dem frischen Pfefferoni und dem Salz zerstoßen. Anschließend alles der Sauce beimengen. Mit Salz abschmecken.

Im Kühlschrank aufbewahrt ist die Sauce ca. 3 Tage haltbar.
Sie wird zu allen gebratenen oder gekochten Fleischsorten, aber auch zu Fisch serviert.
Diese Sauce schmeckt auch mit frischen Kornelkirschen fantastisch. In diesem Fall braucht man die doppelte Menge (ca. 400 g).

Granatapfelsauce

1 Granatapfel
1 Knoblauchzehe
10 g frischer Koriander
10 g frische Dille
½ Zwiebel
roter scharfer gemahlener Pfefferoni
Salz

Granatapfel entsaften (siehe Nützliches & Wissenswertes). Frische Kräuter und Zwiebel sehr fein hacken, Knoblauch pressen, alle Zutaten zum Granatapfelsaft geben und gut mischen. Mit Salz und Pfefferoni abschmecken.

Diese Sauce ist sofort zu verwenden und wird für gebratene oder gekochte Fisch-, Fleisch- und Geflügelspeisen verwendet. Sauce direkt über das Fleisch gießen. Man kann die Sauce auch nur mit Knoblauch, Pfefferoni und Salz würzen. Weitere Variante: 50 g durch den Fleischwolf gedrehte Walnüsse, 10 g frischer Koriander, 1-2 Knoblauchzehen, Pfefferoni und Salz.

Ringlottensauce

½ kg unreife grüne Ringlotten
3 Knoblauchzehen
30 g frischer Koriander
30 g frische Dille
Salz und scharfer roter Pfefferoni

Ringlotten gut waschen, in einem Topf mit Wasser bedeckt bei mittlerer Hitze kochen, bis sie weich werden (ca. 10-15 min). Abkühlen lassen, die Ringlotten aus dem Topf nehmen und durch ein Sieb passieren. Die Flüssigkeit aus dem Topf wird weiterverwendet: Die Konsistenz der passierten Sauce sollte ähnlich einer Cremesuppe sein – eventuell etwas Kochwasser in die Sauce geben.

Geschälten Knoblauch in die Sauce pressen, die sehr fein gehackten frischen Kräuter untermengen, gut durchmischen. Mit Salz und Pfefferoni abschmecken.

In einer Saucenschale zu gebratenen Fleischsorten (Lamm, Rind, Schwein, Geflügel) oder zu Fisch servieren.

Diese Sauce kann nur im April und Mai, wenn die unreifen Ringlotten erhältlich sind, zubereitet werden und eignet sich nicht für die Lagerung. Sie hält ein bis zwei Wochen im Kühlschrank.

Tkhemali – Kriechenpflaumensauce

Tkhemali, zubereitet aus Kriechenpflaumen oder Ringlotten, Knoblauch und Kräutern, ist in Georgien die beliebteste Sauce. Sie ist ein Jahr lang haltbar und wird zu allen Fleisch-, Geflügel- und Fischgerichten gegessen.

1 kg Kriechenpflaumen, rote Sorte
½ Knoblauchknolle
50 g frischer Koriander (Blütenstände und Blätter)
50 g frische Dille (Blütenstände und Blätter)
Salz und scharfer roter Pfefferoni

Kriechenpflaumen gut waschen und mit wenig Wasser in einen Topf geben (gerade so viel, dass die Früchte noch halb aus dem Wasser ragen). Bei niedriger Hitze kochen, bis die Kriechenpflaumen weich werden und die Fruchthaut leicht abgeht (Kochzeit abhängig von der gekochten Menge, für 1 kg ca. 30 min). Vom Herd nehmen und abkühlen lassen, den gesamten Topfinhalt durch ein Sieb passieren; die Konsistenz der passierten Sauce sollte ähnlich einer Cremesuppe sein.
Kräuter und geschälten Knoblauch durch den Fleischwolf drehen, zur passierten Sauce geben und in einem zweiten Kochgang bei niedriger Hitze unter ständigem Rühren kochen, bis die Konsistenz einem Brei gleichkommt. Mit Salz und Pfefferoni abschmecken. Einmal kurz aufkochen lassen, vom Herd nehmen, abkühlen lassen und in pasteurisierte, trockene Einmachgläser füllen (in Georgien werden wegen der einfacheren Handhabung Flaschen verwendet), 1 EL Sonnenblumenöl obenauf gießen, verschließen und an einem kühlen, trockenen Ort lagern.

Tkhemali kann auch zur Hälfte aus Kriechenpflaumen, zur Hälfte aus Kirschpflaumen (Prunus cerasifera) bereitet werden. Die Kirschpflaume gibt der Sauce ein zusätzliches frisch-säuerliches Aroma und eine sehr schöne Rotfärbung.

Scharfe Tomaten-Paprika-Sauce

5 kg Tomaten
2 kg rote Paprika
250 g Knoblauch
200 g roter scharfer Pfefferoni
200 ml Weinessig
Salz

Paprika, Pfefferoni und Tomaten gut waschen, abtrocknen, Letztere in große Stücke schneiden, Kerngehäuse der Paprika und Pfefferoni entfernen, geschälten Knoblauch und Pfefferoni durch den Fleischwolf drehen. Essig dazugeben, mit Salz abschmecken und einen Tag stehen lassen. Am nächsten Tag in verschließbare Flaschen oder Gläser füllen und an einem trockenen, kühlen Platz stehen lassen.
Die Gläser müssen sehr gut gereinigt und beim Abfüllen trocken sein.

Die Sauce wird zu gebratenem oder gekochtem Fleisch serviert.

Tomatensauce aus Tomatenmark

200 g gutes Tomatenmark
20 g frischer Koriander
2 Knoblauchzehen
200 ml Wasser
1 Messerspitze Khmeli-Suneli (siehe Nützliches & Wissenswertes)
½ TL gemahlener Koriander
1 TL Zucker
scharfer roter gemahlener Pfefferoni
Salz

Tomatenmark mit heißem Wasser vermengen und umrühren, Knoblauch pressen und mit den Gewürzen in die Sauce geben, gut durchmischen und mit Salz und Pfefferoni abschmecken. Im Anschluss frischen Koriander fein hacken und ebenfalls einmischen. Die Sauce wird kalt serviert.

Der Tomatensauce können auch 1 TL Adschika-Paste (siehe Rezept S. 178) und 2-3 EL Tkhemali (siehe Rezept S. 184) beigemengt werden.

Tomaten-Paprika-Sauce

5 kg Tomaten
5 kg rote Paprika
150 g Knoblauch
125 ml Weinessig
Salz

Paprika und Tomaten gut waschen, in große Stücke schneiden (Kerngehäuse der Paprika dabei entfernen) und durch den Fleischwolf drehen. Essig dazugeben, mit Salz abschmecken und in verschließbare Einmachgläser füllen. Die Gläser müssen sehr gut gereinigt und beim Abfüllen trocken sein.

Im Kühlschrank oder im Keller aufbewahren. Für längere Haltbarkeit etwas Ascorbinsäure hinzufügen.
Die Sauce wird zu gebratenem oder gekochtem Fleisch angeboten.
Für Hühner- und Putenfleisch sowie für Minutensteaks wird Adschika zum Marinieren verwendet.

Weintraubensauce

Traditionell verwendet man in Georgien unreife, im August geerntete Weintrauben.

½ kg grüne, saure, am besten unreife Weintrauben
200 ml Wasser
30 g frischer Koriander
20 g frische Petersilie
30 g frische Dille
10 g frischer Estragon
2 Knoblauchzehen
1 frischer Pfefferoni
Salz

Trauben waschen und mit einer Obst- oder Kartoffelpresse entsaften, Knoblauch schälen und dazupressen, frische Kräuter (bei Estragon harte Stängelteile entfernen) fein hacken und untermischen, mit Salz und klein geschnittenem Pfefferoni abschmecken.

Die Sauce sofort verwenden. Sie wird über gebratene oder gekochte Geflügelgerichte gegossen.
Variante: 80 g durch den Fleischwolf gedrehte Walnüsse. Die weiteren Zutaten sind in diesem Fall Knoblauch, frischer Koriander, frische Poleiminze (Mentha pulegium), roter Pfefferoni, Salz.

MURABA

Muraba wird in Georgien immer gemeinsam mit schwarzem Tee serviert. Die Sorten mit Weichseln und weißen Kirschen werden auch für Nachspeisen (z.B. für gekochten Reis) verwendet.
Für Muraba wird nur weißer Zucker verwendet. Der beim Kochen entstehende Schaum lässt sich besser abschöpfen, wenn der Topf vor dem Abschöpfen vom Herd genommen wird. Es ist Erfahrungssache, wann der Topf zwischen den Kochgängen vom Herd zu nehmen ist, um die Muraba einige Zeit ziehen zu lassen – damit wird verhindert, dass die Fruchtstücke zerfallen. Beim Kochen ist darauf zu achten, die Hitze immer konstant zu halten. Bei Früchten mit niedrigem Säuregehalt wird gegen Ende des Kochvorganges ½ TL Zitronensäure dazugegeben.
Wenn die intensive Schaumbildung nachlässt, ist die Muraba fast fertig. Zu lange gekochte Muraba verliert ihr gutes Aroma und die schöne Färbung, andererseits darf nicht zu kurz gekocht werden, da sie dann weniger lang haltbar ist.
Die Muraba ist fertig, wenn ein auf einen kalten Teller gegossener Tropfen nicht mehr zerfließt und nicht mehr alle Früchte an der Oberfläche schwimmen, sondern sich im Topf gleichmäßig verteilen.
Gut gekochte Muraba nimmt die Farbe der jeweiligen Frucht an, ohne grau oder braun zu werden.

Apfelmuraba

1 kg Äpfel (kleine, kirschengroße, harte Sorte mit Stängel)
1,2 kg Zucker
300 ml Wasser

Äpfel gut waschen (der Stängel bleibt am Apfel), mit einem Zahnstocher rundherum anstechen. In einer Schüssel mit kochendem Wasser übergießen, ca. 15 min stehen lassen, danach das Wasser wegschütten.
300 ml Wasser mit dem Zucker mischen und ca. 2-3 min aufkochen lassen. Topf vom Herd nehmen, Äpfel dazugeben, abkühlen lassen, danach bei mittlerer Hitze 2-3 Std kochen. Der Sirup ist nun bersteinfarben.
Falls sich Schaum bildet, abschöpfen und wegwerfen. Muraba vom Herd nehmen, abkühlen lassen, in pasteurisierte Gläser füllen, luftdicht verschließen und an einem kühlen, dunklen Ort lagern.

Marillenmuraba

1 kg harte, noch nicht ganz reife Marillen
1 kg Zucker
200 ml Wasser

Marillen gut waschen, halbieren, Kern entfernen und in eine Schüssel geben. In einem Topf Wasser mit dem Zucker mischen, ca. 2-3 min aufkochen lassen, vom Herd nehmen, Marillen dazugeben und abkühlen lassen. Danach erneut aufkochen und bei niedriger Hitze 20 min kochen. Schaum abschöpfen und wegwerfen. Vom Herd nehmen und 5-6 Std ziehen lassen, Marillen abseihen, nur den Sirup 30 min eindicken lassen, die Marillen wieder dazugeben und zu Ende kochen – die Früchte dürfen nicht zerfallen. Vom Herd nehmen, heiß in pasteurisierte Gläser füllen, luftdicht verschließen und an einem kühlen, dunklen Ort lagern.

Wenn die Marillen mit den Kernen gekocht werden, müssen die Früchte mit einem Zahnstocher angestochen werden und nach dem ersten Aufkochen über Nacht (mind. 12 Std) im Sirup ziehen.

Kornelkirschenmuraba

1 kg Kornelkirschen
1 kg Zucker
300 ml Wasser

Kornelkirschen gut waschen, Wasser und Zucker in einem Topf ca. 5 min zu einem Sirup kochen, danach Kornelkirschen dazugeben und ca. 2 Std bei mittlerer Hitze kochen. Schaum abschöpfen und wegwerfen. Vom Herd nehmen, warm (bei ca. 40 Grad) in pasteurisierte Gläser füllen, luftdicht verschließen und an einem kühlen, dunklen Ort lagern.

Feigenmuraba

1 kg kleine, harte Feigen
1 kg Zucker
250 ml Wasser
1 unbehandelte Zitrone

Feigen gut waschen, mit einem Zahnstocher rundherum anstechen. Wasser und Zucker mischen und ca. 2 min aufkochen lassen. Topf vom Herd nehmen, Feigen dazugeben und über Nacht (ca. 14 Std) stehen lassen. Danach bei mittlerer Hitze 30 min kochen und 2-3 Std abkühlen lassen. Zitrone schälen, die Schale in kleine Stücke schneiden, zur Muraba geben und ca. 2 Std bei mittlerer Hitze kochen. Schaum abschöpfen und wegwerfen.
Vom Herd nehmen, abkühlen lassen, in pasteurisierte Gläser füllen, luftdicht verschließen und an einem kühlen, dunklen Ort lagern.

Muraba aus grünen Walnüssen

100 Stk unreife, grüne noch weiche Walnüsse
2,4 kg Zucker
1½ l Wasser
1 EL Alaune
½ kg gelöschter Kalk
2 EL Zimt oder Zimtstangen
10 Kardamomkörner
5 Gewürznelken
1 Packung Vanillezucker oder Vanilleschote

Walnussschalen mit einem Messer dünn abschälen und drei Tage in einer Schüssel mit Wasser ziehen lassen. In dieser Zeit wird das Wasser pro Tag dreimal gewechselt. Am vierten Tag Walnüsse gut waschen und mit einer Gabel rundherum anstechen. In einer Schüssel mit Wasser und Kalk weitere drei Tage ziehen lassen. Danach gut waschen und die anfängliche Prozedur wiederholen (drei Tage ziehen lassen, dreimal pro Tag Wasser wechseln). Am darauf folgenden Tag die Nüsse in einem Topf 15 min kochen, Wasser wegschütten, frisches Wasser dazugeben, erhitzen, Alaune dazugeben und weitere 15 min kochen. Danach das Wasser wegschütten, Nüsse gut durchspülen, nun dreimal Wasser zugeben, jeweils 5 min kochen, wegschütten usw. Walnüsse anschließend in Wasser mit 400 g Zucker ca. 30 min kochen, den entstehenden Sirup wegschütten.

Nun in einem Topf 1½ l frisches Wasser mit 2 kg Zucker aufkochen lassen, Walnüsse dazugeben und bei niedriger Hitze kochen. Nach 2 Std die in ein Stoffsäckchen eingenähten Zimtstangen, Gewürznelken und Kardamomkörner dazugeben. Der Sirup dickt nach und nach ein. Sobald ca. 60 % des Wassers verdunstet sind, Wasser nachfüllen. Die Muraba ist fertig, wenn sich die Haut der Nüsse schwarzglänzend färbt. Vom Herd nehmen, Vanille dazugeben, abkühlen lassen, in pasteurisierte Gläser füllen, luftdicht verschließen und an einem kühlen, dunklen Ort lagern.

Quittenmuraba

1½ kg Quitten
1 kg Zucker
Wasser

Quitten gut waschen, schälen und die Schalen in einen Topf geben. Quitten vierteln, das Kerngehäuse herausschneiden, Früchte gemeinsam mit den Schalen ca. 5 min kochen (das Wasser sollte die Früchte bedecken). Danach vom Herd nehmen, abseihen, den Saft zur weiteren Verwendung aufheben.
Quitten in ca. 1 cm starke Spalten schneiden, in einen separaten großen Topf geben, den Saft hinzufügen und 10 min kochen. Die Früchte danach mit einem Schaumlöffel herausnehmen und in eine Schüssel geben. 300 ml Kochsaft nehmen, Zucker dazugeben und ca. 5 min kochen. Danach Quittenstücke hineingeben und 1 Std ziehen lassen.
Bei niedriger Hitze weitere 2 Std kochen lassen. Schaum abschöpfen und wegwerfen. Vom Herd nehmen, heiß in pasteurisierte Gläser füllen, luftdicht verschließen und an einem kühlen, dunklen Ort lagern.

Wassermelonenmuraba

1 kg Wassermelonenschale
1,2 kg Zucker
1,65 l Wasser
1 Zitronensaft einer Zitrone
1 Packung Vanillezucker
1½ TL Soda

Beim Einkauf eine Wassermelone mit möglichst dicker Schale aussuchen, gut waschen, in Spalten aufschneiden. Das rote Fruchtfleisch entfernen, die äußerste Haut möglichst dünn wegschneiden – es bleiben die weißen Schalenspalten, die in ca. 5 cm lange Stücke (Dreieck, Rhombus, etc.) geschnitten und mit einem Zahnstocher einige Male angestochen werden. Der Rand sollte mit einem Spezialmesser oder einer Keksform wellenförmig geschnitten werden.
In einer Schüssel 200 ml heißes Wasser mit Soda mischen und nach und nach 1 l kaltes Wasser beimengen, die Schalenspalten hineingeben und 4 Std ziehen lassen. Danach die Spalten unter fließendem Wasser sechs- bis siebenmal spülen. In einem Topf 600 g Zucker und 650 ml Wasser ca. 10-15 min aufkochen lassen. Danach die Spalten dazugeben, bei mittlerer Hitze 30 min kochen und 12 Std abkühlen lassen. 600 g Zucker beimengen und weitere 3 Std kochen. 2 min vor Ende der Kochzeit Zitronensaft und Vanillezucker dazugeben (echte Vanille wird gleich am Anfang dazugegeben). Falls sich Schaum bildet, abschöpfen und wegwerfen.
Vom Herd nehmen, abkühlen lassen, in pasteurisierte Gläser füllen, luftdicht verschließen und an einem kühlen, dunklen Ort lagern.

Weichselmuraba

1 kg Weichseln
1 kg Zucker

Weichseln gut waschen, in einer Schüssel abwechselnd Weichseln und Zucker aufschichten, 4 Std ziehen lassen und danach im eigenen Saft in einem Topf bei niedriger Hitze kochen lassen, bis der Sirup eindickt (ca. 2 Std). Schaum vorsichtig abschöpfen und wegwerfen. Vom Herd nehmen, warm (bei ca. 40 Grad) in pasteurisierte Gläser füllen, luftdicht verschließen und an einem kühlen, dunklen Ort lagern.

Wenn man diese Muraba als Zutat zu einer Speise verwenden möchte, sollten die Weichseln entkernt werden.

Muraba aus weissen Kirschen

1 kg weiße Kirschen
1 kg Zucker
100 g Walnüsse oder 150 g geschälte Haselnüsse
1 unbehandelte Zitrone
1 Packung Vanillezucker
180 ml Wasser

Walnüsse vierteln. Weiße Kirschen gut waschen, entkernen und mit jeweils einem Nussstück füllen. In einem Topf Sirup aus Wasser und Zucker ca. 5 min kochen, die gefüllten Kirschen hineingeben, ca. 15-20 min bei mittlerer Hitze kochen, danach für 3 Std zum Rasten vom Herd nehmen. Zitrone gut waschen, schälen und die Zitronenschale in den Topf geben.
Wieder erhitzen und weitere 2 Std bei mittlerer Hitze kochen, Schaum abschöpfen und wegwerfen. Zum Abschluss Vanillezucker beigeben, abkühlen lassen. In pasteurisierte Gläser füllen, luftdicht verschließen und an einem kühlen, dunklen Ort lagern.

GEORGIEN

Zurab Kiknadze
Übersetzung: Reso Kiknadze

Geografie, Landschaft

Georgien ist ein Teil des Kaukasus, der an der Grenze zwischen Europa und Asien liegt. Hier im Kaukasus fand die Ethnogenese der Georgier statt und in einem jahrhundertelangen Prozess bildete sich die georgische Nation. Metaphorisch sagt man, Georgien erstrecke sich »zwischen zwei Meeren«; das Schwarze Meer und das Kaspische Meer bildeten seinen natürlichen geografischen West-Ost-Rahmen – auf seiner Längsachse »von Nikopsis bis Derbent«. Das Kaukasische Hauptgebirge im Norden und der »Kleine Kaukasus« im Süden bilden weitere natürliche Grenzen, über die das Land niemals hinausgegangen ist und mit denen auch seine politische Ausdehnung übereinstimmt. Georgiens Klima reicht vom alpinen Hochgebirge bis zu den Subtropen; zu seinen Landschaften gehören sowohl hohe, mit ewigem Schnee bedeckte als auch mittlere und kleinere Berge, Hoch- und Tiefebenen, Küsten, Schluchten und Täler großer und kleiner Flüsse, Wüste usw.
Von den 25.075 Wasserläufen, deren Gesamtlänge 54.768 km beträgt, sind einige bestimmend für die geopolitische Situation des Landes, etwa der *Rioni* (der in der Antike als Phasis bekannt war) und der *Enguri* im Westen, die in Georgien entspringen und ins Schwarze Meer münden, ohne die Grenzen des Landes zu verlassen, oder im Osten der *Mt'k'vari* (in alten griechischen Quellen Kyros), der größte Fluss Georgiens, in den auch kleinere Flüsse wie der *Iori*, der *Aragwi* und der *Alasani* münden.
Ost- und Westgeorgien werden durch das *Lichi*-Gebirge natürlich getrennt. Westgeorgien heißt in griechischen historischen Quellen Kolchis – das Königreich des mythischen Aietes, das Ziel der Argonauten. Es bildet ein Dreieck, dessen Hypotenuse ans Meer und dessen Spitze an die antike Stadt *Kutaisi* (damals als Kutaia oder Aia bekannt) reicht. Die Osthälfte Georgiens heißt *Iberia*. Das ganze Land aber heißt auf georgisch *Ssakartwelo*, »das Land der Kartwelen«.
In Georgien findet man Bodenschätze fast aller Art, Flüsse und Seen mit etwa 160 Fischarten, unzählige Quellen (zum Teil mit Mineralwasser), artesische Brunnen, Naturschutzgebiete mit einmaligen Laub- und Nadelbäumen, darunter z.B. endemischer relikter Art (zelocova carpinifolia); fast überall gibt es Weingärten (mit etwa 500 verschiedenen Traubensorten), Korn- und Maisfelder, Obst- und Gemüsegärten, subtropische Plantagen mit Zitrusfrüchten und Tee, hochalpine Weiden, schneebedeckte Berge, heiße Halbwüste, Moor, über 100 Säugetierarten, um die 330 Vogelarten und Tausende Arten wirbelloser Tiere.

Seit uralter Zeit leben auf diesem Gebiet Menschen gleicher Abstammung, die die gleiche Sprache oder einen verwandten Dialekt sprechen, manche im Tal, manche im Gebirge oder an der Küste, in Schluchten, auf schwer zugänglichen Bergen, in jeder Höhe von null bis 2.400 Meter. Das unterschiedliche Relief des Landes trug einiges zu dessen unglaublicher wirtschaftlicher, materieller, sozialer und kultureller Vielfalt bei.
Auf diesem »pluralistischen« Relief war und ist die Bevölkerung in viele einmalige Subethnien kultureller und geistiger Art aufgefächert, die sich jedoch in ihren natürlichen oder in flüchtigen politischen Grenzen nie so verschlossen und voneinander so entfremdeten, dass sie ihre gemeinsame Herkunft vergessen hätten. Das Georgiertum war nie eine einfache, homogene Ethnie; bis in die frühen historisch fassbaren Zeiten hinein tritt es in der Arena der Geschichte unter verschiedenen Namen seiner historischen Landschaften auf. *Kartli, K'acheti, T'ao, Klardscheti, Schawscheti, Atschara, Guria, Imereti, Laseti, Odischi, Ratsch'a-Letschchumi, Swaneti, Mescheti, Dschawacheti, Chevsureti, Pschawi, Mtiuleti, Chewi* und *Tuscheti* sind die historischen Regionen, wo seit alters eine gleiche Sprache sprechende Stämme lebten und bis heute leben. Bald übernahm die eine Region die Führung im politischen und kulturellen Leben, bald die andere. Manche von ihnen erhoben gelegentlich den Anspruch, die historische Entwicklung sollte unter ihrem Namen stattfinden und die Gemeinschaft der Stämme, die ein Ziel, eine gemeinsame Zukunft anstrebten, sollte ihren Namen tragen. Zuletzt gewann *Kartli*, ein ostgeorgischer, offenbar einer starken Wurzel entwachsener Stamm, die Oberhand, vereinte die Stämme zu einer festeren Einheit und gab der Gemeinschaft der Stämme seinen eigenen Namen: *Kartweli*. Von nun an behielt das Land diesen Namen auch dann bei, wenn es in einzelne Teilgebiete und Herrschaften zerfallen war, was bedeutet, dass das Bewusstsein der ethnischen und kulturellen Einheit sogar in Zeiten politischer Teilung immer erhalten blieb.

Die Sprache

Die georgische Sprache, von den Georgiern *Kartuli* genannt, gehört zur *kartwelischen* (südkaukasischen) Sprachfamilie, die außer dem Georgischen auch die schriftlosen Sprachen Swanisch, Megrelisch und Lasisch umfasst. Swanisch wird im nordwestgeorgischen Gebirge von etwa 25.000 Menschen gesprochen. Megrelisch ist in den westgeorgischen Tiefebenen und Bergregionen verbreitet. Lasisch, das dem Megrelischen sehr nahe steht, spricht man hauptsächlich auf türkischem Gebiet; Sarpi an der georgisch-türkischen Grenze ist das einzige Dorf in Georgien, wo man Lasisch zu hören bekommt. Alle drei Sprachen haben einen großen Reichtum an volkstümlicher Dichtung vorzuweisen.

Das Georgische und die ihm verwandten Sprachen bilden eine isolierte Sprachfamilie ohne Verwandte außerhalb ihres Gebiets. Sie gehören weder zur indogermanischen noch zur semitischen, ural-altaischen, finno-ugrischen oder zu irgendeiner anderen heute existierenden Sprachfamilie. Aber Georgier sind nicht gerne »Waisen« und suchen nach einem Verwandten und einer verwandten Sprache, vor allem unter den ältesten Sprachen Europas und Vorderasiens, dem Sumerischen, Elamischen, Protohethitischen, Urartäischen, Hurritischen, Pelasgischen, Etruskischen, Iberischen und dem zeitgenössischen Baskischen. Es gibt Versuche, genetische Verbindungen des Georgischen mit den nordkaukasischen Sprachen herauszufinden, bisher allerdings ohne den gewünschten Erfolg.

Historisch hat unter den kartwelischen Sprachen nur das Georgische eine kulturelle Ebene erreichen können, auf der es ein Alphabet und eine große Literatur gibt – eine Literatur, deren Lebenslinie trotz mancher Kataklysmen ohne Unterbrechung vom 4. Jahrhundert an bis in unsere Zeit hinein reicht. Als bemerkenswert gilt die ungewöhnlich langsame Veränderung der georgischen Sprache über Jahrhunderte hinweg. Sie hat zwei Hauptperioden durchlebt, die durch entsprechende Sprachstufen gekennzeichnet sind: einerseits die Sprache, in der religiöse Literatur von der Christianisierung vom 4. bis zum 19. Jahrhundert geschaffen wurde, und andererseits die Sprachen der weltlichen Literatur vom 12. Jahrhundert an bis heute: *Altgeorgisch* und *Neugeorgisch*. Der Unterschied zwischen den beiden ist nicht bedeutend, die Veränderung betrifft mehr oder weniger den Wortschatz und einige grammatikalische Formen, insbesondere das Verb, und hat nicht zu einer Entfremdung von der alten Sprache geführt. Ein heutiger Georgier kann nicht nur Beispiele der weltlichen Literatur wie das Heldenepos *Wep'hist'chaosani* (um 1200), sondern auch die hagiografischen Werke des Mittelalters ohne große Mühe lesen.

Georgisch zählt zu den so genannten agglutinierenden Sprachen und hat eine Satzkonstruktion mit »Ergativ«; solche gab es und gibt es hier und dort in fast jedem Erdteil. Bezeichnend für die georgische Sprache ist aber die komplexe Struktur des Verbs mit vielen Abweichungen von der Regel; im Verb werden nicht nur Tempus und Numerus, sondern auch die Person, das Subjekt und das Objekt durch spezielle Affixe ausgedrückt. Das Verb ist das Zentrum des Satzes und verleiht ihm seine Dynamik. Vergleichsweise einfach und regelmäßig ist hingegen der Aufbau des Nomens, das sieben Fälle hat. Die Sprache verfügt über viele morphologische Elemente, die die Bildung neuer Wörter gewährleisten.

Der Wortschatz des Georgischen umfasst sowohl Lexeme eigener Herkunft als auch Lehnwörter, die aus dem Kontakt mit anderen Völkern stammen. Der aus uralten indogermanischen, iranischen, arabischen, türkischen oder anderen Sprachen stammende Wortschatz wurde im Lauf der Zeit nach eigenen sprachlichen Regeln lautlich modifiziert. In dieser Hinsicht spiegelt sich in der Sprache der gesamte historische Weg, den Georgien während seines Bestehens durchlaufen hat. Besonders anschaulich wird dies am Beispiel der Eigennamen. Bis heute tragen Georgier teils unveränderte, teils modifizierte Eigennamen all der Völker, mit denen Georgien im Lauf seiner Geschichte in Berührung gekommen ist, und viele davon sind zu traditionellen Namen geworden: *Wacht'ang, Artschil, Parnaos, Guram* (aus dem Mittelpersischen); *Dawit, Ssolomon, Abessalom, Tamar* (aus der Sprache des Alten Testaments); *Ivane (Ioane), Luk'a, P'etre, Elissabed, Ssalome* (aus dem Neuen Testament); *Nikolos, Barbare, Dimit'ri, Grigol, Giorgi, Ek'at'erine* (nach christlichen Heiligen); *Omar, Dshemal, Leila* (arabisch); *Saal, Givi, Surab, Luarssab, Teimuras* (aus dem neupersischen Epos »Schah-Name«); *Baadur, Baghater, Temur* (aus dem Mongolischen); *Murad, Chatuna, Beglar* (aus dem Türkischen); V*ladimir (Lado), Boriss, Luba* (aus dem Russischen); *Robert', Albert', Miranda, Meri* (aus westeuropäischen Sprachen); *Hamlet', Sp'art'ak, Guliver, Robinson* (aus der europäischen Literatur) ... In den letzten Jahrzehnten werden traditionelle christliche Namen bevorzugt.

Heute umfasst das Georgische ungefähr siebzehn Dialekte, von denen einige außerhalb des jetzigen georgischen Territoriums gesprochen werden (im Iran, in der Türkei und in Russland). In jedem dieser Dialekte gibt es vielfältige, zum Teil sehr reichhaltige volkstümliche Dichtung und Märchenliteratur, Sagen, mythologische Texte usw.

Das georgische Alphabet

Die Langsamkeit, mit der sich die georgische Sprache verändert hat, ist zum großen Teil die Ursache dafür, dass Aussprache und Schreibweise einander bis auf wenige Ausnahmen voll und ganz entsprechen. Jeder Laut hat in der georgischen Schrift einen eigenen Buchstaben. Die Zeichen sind eigenen Ursprungs und nicht an irgendeine andere Schrift angelehnt; sie wurden den Erfordernissen der georgischen Sprache entsprechend geschaffen und sind deren phonetischen Eigenschaften angepasst. Einige Zeichen geben spezifisch georgische Laute wieder. Heute hat das georgische Alphabet 33 Buchstaben, fünf weniger als früher, Letztere wurden im 19. Jahrhundert abgeschafft, weil die entsprechenden Laute in der modernen Aussprache nicht mehr vorkommen.

Es gibt drei grafische Varianten der georgischen Schrift: *Assomtawruli* (»Majuskelschrift«), *Chuzuri* (»Priesterschrift«) und *Mchedruli* (»Ritterschrift«). *Assomtawruli* ist die älteste von ihnen und bildet den Ursprung und die Basis der beiden anderen. *Assomtawruli* wurde vermutlich anfangs für in Stein gehauene Inschriften verwendet (jedenfalls sind uns aus dieser Zeit keine Handschriften erhalten geblieben), später zum Schreiben auf Pergament; es blieb bis zum 10. Jahrhundert in Gebrauch. Durch grafische Transformation entstand daraus das *Chuzuri* (ältestes Manuskript von 864). Es gewann die Oberhand als flexiblere Schriftart und dominierte bis zum Ende des 18. Jahrhunderts. Auf der Basis des *Chuzuri* entwickelte sich die *Mchedruli*-Schrift (erster Hinweis aus dem 11. Jahrhundert), die in der weltlichen Literatur und auch zur Erstellung von Gerichts- oder Kanzleidokumenten Anwendung fand. So waren vor Verbreitung des Druckwesens, also bis Anfang des 19. Jahrhunderts, zwei Schriften in Gebrauch, die »kirchliche« und die »weltliche«, bis Letztere in gedruckter Form bevorzugt und verfeinert und schließlich zur einzigen Schrift wurde, die das georgische Volk heute benutzt. *Assomtawruli* und *Chuzuri* finden nur noch in der Kirche Anwendung, nämlich in den dort gebrauchten liturgischen Büchern.

Die Entstehung des georgischen Alphabets ist geheimnisumwoben. Eine historische Quelle schreibt seine Einführung dem König Parnawas zu, der Anfang des 3. Jahrhunderts v. Chr. herrschte; allerdings fehlt aus dieser Zeit und noch einige Jahrhunderte danach jegliche Spur einer Anwendung dieser Schrift. Die erste datierte Inschrift gehört in die letzten Jahre des 4. Jahrhunderts n. Chr.

Die Grafik der georgischen Schrift unterscheidet sich deutlich von der griechischen, die Reihenfolge der Buchstaben aber folgt der des griechischen Alphabets; die etwa zehn spezifisch georgischen Buchstaben sind am Ende angefügt. Die Schriftzüge des *Assomtawruli* weisen gewisse Ähnlichkeiten mit der Grafik des armenischen und auch des kaukasisch-albanischen Alphabets auf, was vermuten lässt, dass diese drei Alphabete in der selben Epoche und in einer vergleichbaren intellektuellen Umgebung geschaffen wurden.

Die Grundelemente des *Assomtawruli* sind vertikale und horizontale Linien, Bögen, Halbkreise und Kreise unterschiedlicher Größe, deren vielfältige Kombinierbarkeit die ganze Fülle und den Variantenreichtum der Zeichen gewährleistet. Die Buchstaben sind gleich groß und werden auf einer Linie von links nach rechts geschrieben; jeder Buchstabe passt in ein imaginäres Quadrat. Die Buchstaben des heutigen *Mchedruli* sind hingegen eher rundlich, ihre Elemente sind fast ausschließlich Bogen und Kreis. Sie werden in drei Höhen geschrieben; das verleiht dieser Schrift eine Grazilität und Eleganz, die mit dem monumentalen *Assomtawruli* kontrastiert. Heute gibt es etwa zwanzig *Mchedruli*-Schriftarten, dank der Computertechnik werden es immer mehr.

Historische Übersicht

Die Geschichte Georgiens verläuft unter dem Zeichen des Zerfalls und der Wiederintegrierung des georgischen Volkes sowie unter dem Zeichen der oft verlorenen und wiedererlangten staatlichen Unabhängigkeit.

I.

Epoche des König Parnawas (Anfang des 3. Jahrhunderts v. Chr.): In dieser Zeit vollzog sich erstmals eine Konsolidierung der vorher zerfallenen georgischen Stämme unter *einer* Königsmacht, mit einer einheitlichen Religion und einer einheitlichen Staatssprache. Es war König Parnawas, der »die georgische Sprache ausdehnte, und keine Sprache galt mehr in Kartli außer dem Georgischen«. Zu dieser Zeit wurde Georgien auch in die Prozesse des Hellenismus einbezogen.

II.

Im ersten Viertel des 4. Jahrhunderts wurde Georgien christianisiert. Das Jahr 326 gilt als Jahr der Erklärung des Christentums zur offiziellen Religion; die ersten Kreuze wurden errichtet und Fundamente für die ersten Kirchen gelegt, darunter für die Kathedrale von *Swet'izchoweli* in *Mzcheta* bei *Tbilissi*, die bis heute als Zentrum der Kirche Georgiens gilt.
Nach der Tradition wurde die neue Religion von den Aposteln Andreas und Simon (Kananites) gepredigt, später aber von der hl. Nino aus Kappadokien, die als Bekehrerin der Georgier gilt. Zwar trug die in der damaligen Hauptstadt *Mzcheta* etablierte alte jüdische Diaspora sehr viel zur Christianisierung Georgiens bei, doch schreibt die Legende die entscheidende Wende einer Sonnenfinsternis zu, die den König Mirian bei der Jagd verzweifelt im Wald herumirren ließ, bis er »Ninos Gott« anrief und Rettung fand.
Das Christentum veränderte die Landschaft Georgiens radikal: Das ganze Land, Berg und Tal, wurde mit christlichen Kirchen bebaut; monumentale Kathedralen, kleinere Kirchen in den Dörfern oder auf naheliegenden Hügeln sowie zahlreiche Klöster, auch in den Bergen und in der Wüste …

III.

Einen Umbruch bildete die Zeit des König Wachtang Gorgassali (Ende des 5. Jahrhunderts). Statt des uralten *Mzcheta* wurde das gerade neu gegründete *Tbilissi* (Tiflis) zur Hauptstadt, jener Ort, wo nach der Legende König Wachtang während der Jagd auf heiße Schwefelquellen stieß (sein Falke soll samt Beute hineingefallen und verbrüht worden sein). Heute befinden sich hier berühmte Schwefelbäder.

IV.

Im 8. und 9. Jahrhundert erlitt das Land die Herrschaft der Araber, deren erster Einfall sich im Jahr 642 ereignete. Während dieser Zeit gewann die Adelsfamilie Bagrat'ioni die Oberhand und blieb bis zum Ende des georgischen Königreiches (Ende des 18. Jahrhunderts) die königliche Dynastie. Einer der Bagrat'ioni, Aschot' Kuropalat', ein Held des Widerstands, vertrieb die Araber aus dem Land. Allerdings blieb Tiflis noch 200 Jahre in den Händen des Kalifats und wurde von einem Emir regiert.

V.

David der Erbauer (1089-1125) vollbrachte die endgültige Konsolidierung aller georgischen Provinzen um ein Zentrum. Entscheidend war die Schlacht von *Didgori*, wo 40.000 Georgier und 500 Kreuzritter eine 400.000 Mann starke muslimische Koalition besiegten. Dieser Sieg rettete Georgien nicht nur vor der endgültigen Sklaverei, sondern entschied auch das Schicksal des Christentums in diesem Land. Auch Tiflis wurde 1122 zurückerobert und wieder zur Hauptstadt gemacht.

VI.

Die als »Goldenes Zeitalter« bezeichnete Epoche der Königin Tamar (1184-1213) war der Höhepunkt sowohl des kulturellen als auch des politischen Lebens. In dieser Zeit entstand auch das Heldenepos *Wep'hist'chaosani* (»Der Mann im Pantherfell« von Schota Rustaweli), ein Meisterwerk, das noch Jahrhunderte später die Ideale und den Verhaltenskodex der Georgier prägte – leider jedoch eher äußerlich; der Sinn blieb für die folgenden Zeiten unerfüllt; nach diesem politischen und kulturellen Höhepunkt begann allmählich der Verfall.

VII.

Ab dem ersten Viertel des 13. Jahrhunderts erlebte das Land den ersten Einfall der Mongolen (1235-1240). Deren Herrschaft überschritt diesmal noch nicht das *Lichi*-Gebirge, die natürliche Ost-West-Grenze, dauerte aber fast 100 Jahre und spaltete das Land in zwei Teile.

VIII.

Nach der Mongolenherrschaft (1314) wurde Georgien wieder unter einem König vereinigt und errang recht große Erfolge in der politischen Arena Vorderasiens; in Anerkennung dessen erhielt König Giorgi IV. den Beinamen »der Glänzende«.

IX.

Vierzig Jahre nach Giorgis Tod überrannte Tamerlan siebenmal das Land (1383-1403). Der geschwächte georgische Staat zerfiel in drei Königreiche und fünf Fürstentümer.

X.

Vom 15. bis zum 18. Jahrhundert rivalisierten Persien und das Osmanische Reich um den Einfluss auf die georgischen Fürstentümer. Persien erhob Anspruch auf Ostgeorgien und überließ Westgeorgien den Osmanen. Das Land verlor an Territorien und an Bevölkerung. Ganze Dörfer wurden nach Persien – nach Fereidan in der Provinz Masandaran – deportiert, wo georgische Orte mit georgischen Namen entstanden. Südgeorgische Provinzen gingen in die Herrschaft der Osmanen über.
Die muslimisierten Georgier bewahren bis heute zwei Zeichen ihrer nationalen Identität: erstens die Sprache und zweitens die Erinnerung an die alte Heimat, die Zuneigung und Treue zum Stammland.

XI.

Als Teil des russischen Reiches (1801-1917): Das ausgeblutete Land schloss im Namen des letzten georgischen Königs, Erekle II., einen Vertrag, der Georgien dem Protektorat Russlands unterstellte (1783). Aber bald wurde das tausend Jahre alte Königtum Georgiens vom russischen Zaren abgeschafft und die georgischen Fürstentümer wurden eines nach dem anderen annektiert. Nach den russisch-türkischen Kriegen wurden auch die alten südgeorgischen Provinzen Bestandteile des russischen Reiches. So wurden zwar georgische Territorien im Rahmen des Imperiums wieder vereint, aber Georgien bildete kein Königreich mehr, sondern zwei Bezirke Russlands (Tiflis und Kutaisi), und zwar für die folgenden etwa hundert Jahre.

XII.

Die erste Republik (1918-1921): Nach dem Ersten Weltkrieg wurde Georgien frei; es erlangte die Unabhängigkeit wieder, verlor aber historische Territorien im Süden. Unter den kulturellen Errungenschaften der Unabhängigkeit sind die Eröffnung der Universität zu Tiflis (1918) und das Studium vieler junger Georgier im Ausland, besonders in Deutschland, zu erwähnen.

XIII.

Nach der erneuten Annexion (1921) und einer 70 Jahre dauernden sowjetkommunistischen Herrschaft kam die lang ersehnte Unabhängigkeit wieder (1991), erschwert durch provozierte ethnische Konflikte, den Beinahe-Verlust zweier Krisengebiete und eine katastrophale wirtschaftliche Lage; trotz alledem aber ist die Hoffnung und Zuversicht (besonders in letzter Zeit) recht groß, dass die Zweite Republik ihren Weg in die wirkliche Freiheit und Unabhängigkeit findet und der begonnene Prozess einer Integration in Europa unaufhaltsam weitergeht.

Religion

Traditionell gehören die Georgier der östlichen, orthodoxen Christenheit an. Georgiens Schicksal hat sich religiös und kulturell nach dem Bekenntnis zu den Dogmen des 4. Konzils eng mit Byzanz verbunden, trotz eines ständigen Streits um die Grenzen. Unter dem Zeichen des Christentums entwickelte sich die georgische Kultur, sowohl auf der Ebene der Elite als auch im einfachen Volk. Seit dem 12. Jahrhundert gibt es in Georgien auch die römisch-katholische Kirche, aus deren Milieu viele namhafte Wissenschaftler, Künstler und Philosophen stammen. Der Islam spielte zwar nur eine geringe und ephemere Rolle im Werden der georgischen Kultur, aber ein Teil der Bevölkerung ist moslemisch, und zwar sowohl innerhalb Georgiens, in Atschara, als auch außerhalb in der Türkei und im Iran.

Kultur

Musik

Was hat nun neben allen hier besprochenen Kulturgütern einen besonders hohen Rang für Georgien? Dies könnte vielleicht die traditionelle Musik sein, die auch in ihrer volkstümlichen Ausprägung einen derartigen Professionalismus aufweist, dass manche westliche Musikethnologen sich immer noch nicht einigen können, ob sie sie für Volksmusik halten sollen. Polyphonie, in jedem der zahlreichen Dialekte auf eigene Weise gefärbt, ist ihr besonderes Kennzeichen. Drei Georgier, wenn sie nicht vollkommen gehörlos sind, können schon ein Ensemble bilden und müssen einander dazu nicht einmal kennen. Mehrstimmigkeit und ihre Eingebundenheit in den Alltag zeigen die soziale Natur des Georgiers, für den das Singen vor allem Kommunikation mit anderen bedeutet; in jeder musikalischen Situation sucht er nach der zweiten Stimme und dem Bass. Nicht, dass es ihm unmöglich wäre, einstimmig zu singen; es gibt in der georgischen Folklore auch viele Arbeitslieder und rituelle Gesänge, die ein- oder zweistimmig sind; Vorrang hat jedoch die Dreistimmigkeit; und zwar so sehr, dass man oft sogar von außerhalb, aus Europa oder Amerika stammende einstimmig zu singende Lieder polyphonisiert …

Brot und Wein

»Und es war Fülle an Brot und Wein im Lande Kartli.« So steht es in einer alten Chronik und diese Worte bringen einiges von der Bedeutung von Brot und Wein im Leben des Landes zum Ausdruck: diese sind nämlich Zeichen seines Wohlstandes. Aber sie beziehen sich nicht nur auf den materiellen Wohlstand; Brot und Wein sind darüber hinaus auch moralische, ja sogar religiöse Kategorien und nicht nur solche der Nahrung. In ihnen ist die Würde des Menschen verkörpert. Bis heute ist das Kompositum *P'ur-ghwino* »Brot-Wein« neben dem *P'ur-marili* »Brot-Salz« ständiger Begleiter im Dasein eines Georgiers. Beide Elemente sind höchster Ausdruck der Ackerbaukultur. Es sieht so aus, als komme die Bezeichnung »Georgios« (Georgier) daher, dass das Wort im Griechischen »Landmann, Ackerbauer« bedeutet. Der Georgier folgt der ältesten kulturellen Tradition der Menschheit, indem er den Vorrang von Brot und Wein hervorhebt.

Brot

Die Tafel, das Gastmahl, heißt auf Georgisch auch *P'uroba*, worin das Wort *P'uri* (Brot) steckt. Brot war von alters her mit der Hoffnung des Georgiers verknüpft und die entsprechend auszeichnende Symbolik des Brotes ist daher kein Zufall. Der Weizen gehört zu den ältesten Arten der Kulturflora des Landes. Archäologische Ausgrabungen bezeugen das: Es wurden acht Wei-

zenarten entdeckt, deren Alter im 6.-4. Jahrtausend v. Chr. angesetzt wird. Nach heutiger Klassifizierung sind in Georgien 14 von insgesamt 27 Weizensorten registriert, davon sind 5 einheimisch (Triticum timopheevii, Tr. macha, Tr. georgicum, Tr. Zhukovsky, Tr. Carthlicum).
Diese Arten sind nicht alle von wirtschaftlicher Bedeutung, sie werden in der Bank für genetische Ressourcen aufbewahrt und dienen wegen ihrer Härte und ihres hohen Eiweißgehalts als Donoren in vielen Ländern (USA, Australien, Kenia, Japan, England, Argentinien).

Wein

Die wilde Weinrebe war nach archäologischen Erkenntnissen schon vor vielen Jahrtausenden auf dem Territorium Georgiens verbreitet. In den kulturellen Schichten des 5.-4. Jahrtausends aber trifft man schon Überreste der kultivierten Rebe, was den Forschern Grund zu der Annahme gibt, dass Georgien nicht nur die Heimat der wilden Rebe, sondern auch die älteste und wichtigste Pflanzstätte vieler Formen der kultivierten Weinrebe (Vitis vinifera) sein könnte. Obwohl die heutigen Klimabedingungen in den Bergregionen für den Weinbau ungeeignet sind, finden sich hier trotzdem Reste einer endogenen Weinsorte, die heute als ausgestorben gilt.
Folgendes Beispiel zeigt die Bedeutung der Rebe hierzulande: In *Letschchumi*, einer recht hoch gelegenen Region Georgiens, stößt man auf der Fläche von 755 Quadratkilometern in 45 Dörfern auf 98 Rebensorten und bis zu 60 Arten!
Die Weinernte ist ein Fest für die Familie und für das ganze Dorf. Sie wird so geplant, dass die Familien einander bei der Ernte helfen können. Bis die neue Technik in die Dörfer kam, wurde der Wein traditionell in einem Gefäß aus massivem Holz *(Saz'nacheli)* gepresst. Man füllte es mit Weintrauben, dann wuschen sich die Männer die Füße, stiegen in den *Saz'nacheli* und fingen kräftig zu treten an; begleitet wurde das Ganze natürlich mit Gesang ...
Das *Saz'nacheli* ist mit einem Rohr an ein (meistens großes) Tongefäß namens *Kwewri* (in Ostgeorgien) oder *Tsch'uri* (im Westen) angeschlossen, das fast bis zum Rand in der Erde steckt; dort fließt der Traubensaft hinein; anschließend wird auch einiges vom Rest der ausgepressten Trauben *(Tsch'atch'a)* hinzugefügt und eine Weile so belassen (in Ostgeorgien länger als im Westen), damit der Wein herber wird. Nach einigen Wochen wird der Trester entfernt und der Wein gärt ohne *Tsch'atch'a* weiter. Wenn der Gärungsprozess beendet ist, wird das Gefäß mit dem Deckel verschlossen und mit einer speziellen Masse versiegelt. So bleibt es, bis der Wein gebraucht wird. Die Güte des Weines hängt nicht nur von der Technologie ab, sondern auch vom Wetter, das den Gärungsprozess begleitet; so scheint z.B. ein kühler Spätherbst eine gute Wirkung auf den Wein zu haben ... Der gleiche Wein aus dem gleichen Weingarten kann je nach Jahrgang sehr unterschied-

lich schmecken, aber der Weinkenner und -liebhaber kann die Herkunft eines auch nur einmal probierten Weines leicht herausfinden.

Wenn ein Georgier Brot und Wein hat, kann ihm nichts mehr Angst machen, weder ein unerwarteter Gast noch irgendein unerwartetes oder erwartetes Unglück, Fest oder Ähnliches. Man hebt immer, etwa für ein Fest, Wein in einem speziellen Gefäß auf, manchmal sogar zehn oder zwanzig Jahre lang, um ihn dann zu einem besonderen Anlass (z.B. bei einer Hochzeit) zu öffnen. Mit Wein wird dem neugeborenen Kind begegnet, mit Wein wird verheiratet, mit Wein verabschiedet man einen Verstorbenen, empfängt man Gäste; statt Wasser bietet der Georgier einem, der an seiner Tür vorbeigeht, Wein an; auch kein religiöses Fest gibt es ohne Wein ...

Eine spontane, improvisierte Tafel, die ohne Vorbereitung zu Ehren eines unangemeldeten Gastes gedeckt wird, muss in der Stadt wie auf dem Land neben dem obligatorischen Brot und Wein auch mit Käse, Kräutern und eingelegtem Gemüse bestückt sein; das alles ist fast immer vorrätig, besonders in ländlichen Gegenden. Wenn diese Dinge vorhanden sind, kann die Familie beruhigt sein; auch der Gast wird nichts missen. Hauptsache ist jedoch das Wohlwollen des Gastgebers – der Gast muss fühlen, dass er willkommen und sein Besuch eine Freude für die Familie ist: *»Q'weli, P'uri – K'etili Guli«* (»Käse, Brot – gutes Herz«) reimt sich im Georgischen.

Feste

Es gibt allgemeine (öffentliche), z.B. die religiösen (kirchlichen und volkstümlichen), und private Feste, etwa die Hochzeit (obwohl auch eine Hochzeit auf dem Land öffentlichen Charakter bekommt), den Geburtstag usw.

In Georgien, besonders auf dem Land, sind die beliebtesten Feste Weihnachten und Neujahr, Ostern, Mariä Himmelfahrt, die Feste der hl. Barbara und natürlich des hl. Georg, der als Schutzpatron Georgiens gilt. Jedes dieser Feste hat sein besonderes Merkmal, etwa zu Weihnachten und Neujahr ein speziell gemästetes Schwein, das im Dorf zum Fest geschlachtet wird. Einem bis heute in vielen ländlichen Gegenden üblichen Brauch folgend treffen sich junge Leute an Heiligabend, gehen von Tür zu Tür und singen dabei ein Weihnachtslied *(Alilo)* etwa folgenden Inhalts:

Am fünfundzwanzigsten Dezember
ist Christ in Bethlehem geboren,
ein Vogel setzt sich auf den Zaun,
verkündet die Geburt Christi.
Wir sind keine Bettler, sondern
Überbringer der guten Nachricht Christi,
Alilo und Weihnachten, Alilo ...

Man nennt das den »Alilo[rund]gang« (das Wort *Alilo* selbst kommt natürlich von Halleluja). Aus jeder Tür, an der man auf diese Weise anklopft, kommt jemand heraus und gibt den Sängern Eier, Brot, Wein, Käse ... Nachdem das ganze Dorf so begangen worden ist, setzt man sich im Haus eines der Sänger zusammen, deckt den Tisch und feiert bis in den Weihnachtsmorgen ...

Für das Neujahrsfest reicht man traditionellerweise *Gosinaki* aus Walnüssen und Honig (siehe Rezept S. 154), das die Hausfrau sowohl auf dem Land als auch in der Stadt einige Tage vor Neujahr zubereitet und bis zum Fest aufbewahrt, um es bei der Neujahrs-*Supra* jedem Familienmitglied (und dem Gast, falls einer dabei ist) mit den Worten zu reichen: »So süß mögest du mir alt werden!« Jeder ist verpflichtet, ein Stückchen davon zu kosten. *Gosinaki* wird so sehr mit Neujahr identifiziert, dass man es zu keinem anderen Fest zubereitet, auch wenn man es noch so sehr vermisst.

Bis heute gibt es auch den Brauch des *Mek'wle*, allerdings auf dem Land mehr als in der Stadt. Ein *Mek'wle* ist der Mensch, der am Neujahrsmorgen als Erster ins Haus kommt. Er klopft dreimal an die Tür und sagt: »Öffnet mir!« Von innen fragt man: »Was bringst Du?« Er antwortet: »Brot aus dem *Begheli* (Kornspeicher), Wein aus dem *Kwewri* (Weingefäß aus Ton), Gesundheit und Glück!« Dann wird ihm geöffnet. Diese Worte und sein Fuß, der die Schwelle überschreitet, gelten als Garanten des Glücks für das kommende Jahr. Es gibt auch *Mek'wles* mit einem besonderen »Glücksbringerfuß«, die manchmal extra bestellt werden ...

Das unersetzliche Attribut von Ostern ist ein rot gefärbtes Osterei, das als Symbol des Lebens gilt. Man färbt am Karfreitagabend die Eier mit pflanzlichen Farben wie *Endro* (Krapp, Rubia iberica) oder speziell zu diesem Zweck gesammelten Zwiebelschalen und lässt sie bis zum Ostersonntag unberührt. Am Ostermorgen aber wird ein Ei ausgesucht und nacheinander gegen die Eier der anderen Familienmitglieder geschlagen. Ganz besonders gern messen sich die Kinder miteinander. Gewinner ist derjenige, dessen Ei sich als das härteste erweist und alle »Kämpfe« heil übersteht; ihm gehören dann auch die zerschlagenen Eier. Man sagt, dass die Ostereier sehr lange haltbar bleiben.

Zu Ostern gehört auch das Oster-Paska, ein süßlicher Osterkuchen mit Rosinen, der jedoch anscheinend nicht traditionell georgisch ist, sondern aus dem russischen kirchlichen Brauchtum kommt. Georgisches traditionelles Gebäck zu diesem Fest ist *Kada-nasuki*, das im *Tone*, einem mit Stein ausgelegten »Backloch«, oder im Ofen gebacken wird.

Zu Ostern schlachtet man auf dem Land ein Lamm, besucht den Friedhof, bringt Kerzen, Wein, Brot und Verpflegung hin und deckt eine Familientafel am Grab des Verstorbenen. Auch Passanten werden an die Tafel gebeten, um des Verstorbenen zu gedenken, »ein Glas zu kippen« (Wein auf dem Grab auszugießen). Auch das rote Osterei wird mitgebracht und auf dem Grab gerollt. Oft sieht man einen Priester auf dem Friedhof, der die Gräber segnet. Insgesamt herrscht zu Ostern eine traurig-feierliche Stimmung.

Bei der *Barbaroba*, dem Fest der hl. Barbara, das nach dem Kirchenkalender am 4. Dezember gefeiert wird, besucht man die St.-Barbara-Kirche, die es in fast jedem Dorf gibt, und bringt Opfer: Kerzen sowie *Lobiani* (siehe Rezept S. 80) mit einem darauf gezeichneten Kreuz, da gerade Weihnachtsfastenzeit ist.

Giorgoba, der Tag des hl. Georg, wird in Georgien nicht nur zum in der christlichen Welt allgemein festgelegten Tag (6. Mai), sondern zusätzlich und ganz besonders am 23. November gefeiert und ist eines der populärsten Heiligenfeste, wie übrigens auch der Name Georg zu den beliebtesten georgischen Vornamen gehört. Man sagt, in Georgien sei jeder Tag ein Fest des hl. Georg. *Giorgoba* ist wirklich ein Volksfest – zahlreiche Menschen versammeln sich in der und um die St.-Georg-Kirche, die es in jedem Dorf gibt. Manche Dörfer sind durch ihre St.-Georg-Kirche bekannt, weil sie als Wunder wirkende Kirche gilt und besonders viele Besucher auch von weit entfernten Gegenden anlockt. Im Kirchhof wird ein Stier geschlachtet und eine allgemeine Tafel gedeckt, um die sich viele Gäste versammeln. Über die St.-Georg-Kirche von *Ilori* in Westgeorgien gibt es eine Legende, der zufolge der hl. Georg zu jeder *Giorgoba* in die Kirche von *Ilori* einen Hirsch schickte, der sich freiwillig opferte: Er legte sich immer im Kirchhof hin, man ließ ihn in Ruhe wiederkäuen und erst dann wurde er geschlachtet. Einmal kam der Hirsch etwas verspätet. Die ungeduldigen Männer ließen ihn nicht wiederkäuen und schlachteten ihn. Von da an schickte der hl. Georg keinen Hirsch mehr zum Fest und es wird dort ein Stier geschlachtet wie anderenorts auch. Ähnliche Legenden werden auch in Bezug auf einige andere St.-Georg-Kirchen erzählt.

Die *Mariamoba*, Mariä Himmelfahrt am 15. August, ist für die Georgier ebenfalls ein großes Fest. Es gibt in Georgien praktisch kein Dorf ohne eine Marienkirche. Zu Mariä Himmelfahrt strömen die Menschen aber meist zu einer nah oder fern gelegenen Kirche mit größerem Ansehen. Überall im Umkreis solcher Kirchen werden zum Andenken an die Verstorbenen Tafeln gedeckt. Speziell für diesen Tag werden *Kadas* (ein süßliches, brotähnliches Gebäck) mit Honig und Walnüssen gebacken, die unbedingt ein Geistlicher aufschneiden muss, der auch die Tafel segnet und dem dann ein Drittel des Gebäcks zusteht.

Gastfreundschaft

»Der Gast ist von Gott.« So ist es überall auf der Erde, besonders bei den alten Völkern, wie deren Epen berichten. Gastfreundschaft ist eine gegenseitige Pflicht und Verantwortung. Der Gastgeber *(Masp'indseli)* ist stolz auf seinen

Gast *(St'umari)* und auf seine eigene Gastfreundschaft *(St'umar-masp'indsloba)* dem Gast gegenüber. Es gibt eine zur Tradition gewordene Gast-und-Gastgeber-Beziehung *(St'umar-masp'indseli)*; je älter diese Beziehung, desto besser. Es existiert sogar ein Spruch: *»Dsweli Ghvino, Dsweli P'uri, Dsweli Stumar-masp'indseli«* (»alter Wein, altes Brot, alte Gast-und-Gastgeber-Beziehung«).

Wer einmal in einer Familie zu Gast gewesen ist, behält dies für immer im Gedächtnis und erinnert sich mit Freude daran; ein erneuter Besuch eines einmal da gewesenen Gastes ist eine wahre Freude ... Oft sagt man einander: »Die Tafel (*P'ur-marili*, »Brot-Salz«) ist uns alt geworden«, und meint damit, dass sie »erneuert« wird ...

Der Gastgeber ist bereit, für den Gast sein Letztes zu geben, um ihn nur gebührend zu ehren. Die Ehrung des Gastes ist eine Frage der Würde des Gastgebers. Dieses ungeschriebene Gesetz wird auch in einem volkstümlichen Gedicht zum Ausdruck gebracht:

Gäste, liebe Gäste, was ist ein Fest ohne euch?
Ohne Gast sind Brot und Wein bitter, nicht süß.
Ohne Gast soll die Sonne gar nicht kommen, sie wird ohnehin nicht wärmen ...

Sollte einer, auch ein Fremder, an der Tür eines Bauernhofs vorbeigehen, fühlt sich der Bauer verpflichtet, ihn zu sich einzuladen und ihm schnell die Tafel zu decken, Brot, Käse und – das Wichtigste – einen Weinkrug hinzustellen und den Gast zu bitten, die Familie zu segnen. Genau so, wie es in der Bibel von Abrahams Gastfreundschaft für die drei Gäste steht, die sich als Engel erweisen (1. Moses 18:1-5). Einem Gedicht zufolge wird der georgische Bauer, auch beim Besuch eines Fremdlings, alles für ihn preisgeben: Hat er kein Brennholz, so steckt er das für seine Karre zurückgelegte Material in den Ofen; sollte das nicht reichen, folgt alles, was aus Holz zu finden ist; ist auch das nicht genug – so zündet er sein Herz an, wärmt den Gast und bereitet ihm das Essen; aber auch, wenn er alles gibt und ihn in Seide kleidet, nützt das nichts, wenn er ihm keinen Wein zu trinken gibt. Dann wird alles vergebens sein ...

Die Ordnung und Sitte der Gastfreundschaft wird auf dem Land besser gepflegt. Der Gast einer Familie gilt als Gast des ganzen Dorfes; ihm zu Ehren lädt der Gastgeber die Nachbarn ein, bereitet dem Gast ein Fest, das ihm lange danach noch in Erinnerung bleiben wird; die Nachbarn wetteifern untereinander, um den Gast des Nachbarn ebenfalls zu ehren, fühlen sich verpflichtet, ihn auch zu sich einzuladen und ein Gastmahl für ihn zu feiern. Je länger der Gast im Dorf bleibt, desto mehr Familien wird er zusätzlich besuchen müssen. So wird der Gast einer Familie zum Gast des ganzen Dorfes und, wenn er abreist, mit großen Ehren verabschiedet. Diese Tage bleiben

unvergesslich für den Gast, er erinnert sich oft an sie und fühlt sich verpflichtet, den Besuch zu wiederholen.
Die Pflichten des Gastes und des Gastgebers sind in einem ungeschriebenen Kodex formuliert, der in Sprichwörtern und volkstümlichen Sprüchen Ausdruck findet. Man sagt: »Der Gastgeber sei der Esel des Gastes« oder: »Wenn der Gast [aus Höflichkeit] ›nein‹ sagt, da soll der Gastgeber darauf bestehen«, oder auch: »Aus Liebe zum Gastgeber fingen fastende Priester an zu essen«, »Der geladene Gast hat viel Mut [im Sinn von: darf sich alles erlauben]«. ... All das wird gesagt und der Gast weiß auch: Er ist privilegiert im Haus des Gastgebers, er wird mit Ehre behandelt, sein Wunsch wird sofort erfüllt; sollte ihm irgendein Gegenstand im Haus des Gastgebers gefallen, sei es ein Trinkhorn oder ein Gewehr oder etwas anderes, der Gastgeber schenkt es ihm sofort, ohne zu zögern. Aber ein guter Gast macht davon keinen Gebrauch; er benimmt sich vorsichtig, versucht, sich nichts anmerken zu lassen, falls ihm etwas gefällt ...
Wird ein Gast gesichtet, der sich dem Haus nähert, so beginnen sofort die Vorbereitungen zu seinem Empfang: Ein Hühnchen wird geschlachtet, *Mtsch'adi* gebacken, ein neues Weingefäß geöffnet, und bis sich der Gast von der Reise erholt hat, ist die *Supra* schon fertig. Wenn der Gast über Nacht bleibt, steht ihm natürlich die beste und komfortabelste Schlafstatt zu, die es gibt. Im Haus des ärmsten Bauern gibt es ein besonderes Zimmer, in dem kein Familienmitglied schläft, es ist nur für die Übernachtung eines Gastes da. Der Gast bekommt das beste Bett, die Gastgeber begnügen sich eventuell sogar mit dem Boden; morgens laufen die Familienmitglieder auf Zehenspitzen, damit der Gast ausschlafen kann. Sobald er wach ist, schickt man die Kinder, ihm Wasser und ein Handtuch zu bringen oder ihn zum Wasser zu begleiten. Auf ihn wartet schon die Frühstückstafel, die eventuell ins Mittagessen und in ein neues Festmahl übergehen kann ...
Ein guter Gast missbraucht diese Privilegien nicht, er fühlt den Moment, in dem er sich von den Gastgebern zu verabschieden hat. Das Gefühl für diesen Moment ist ein Zeichen der Kultur und der Gastgeber schätzt es am Gast. Der Gast darf dem Gastgeber nicht so lästig werden, dass dieser sich seine Abreise wünscht. Diese delikate Situation wird in einem Gedicht beschrieben:

Gast, du bis das Gold am Morgen, wirst am Abend noch zu Silber,
wenn du dich noch lang verspätest, wirst du nur noch zu Kupfer ...

Vom Takt, von der Erziehung des Gastes hängt es ab, ob er sich in Kupfer verwandelt und immer weiter an Wert verliert. Ein guter Gast muss fühlen, wann die Aufforderung zum Bleiben ehrlich ist und wann sie aus Etikette erfolgt, und er muss rechtzeitig aufbrechen, um der Familie nicht zur Last zu fallen. Es entsteht eine gewisse Spannung, wenn ein »unsensibler« Gast zu Besuch ist. Aber es ist nicht so schlimm, ein solcher Gast wird nicht zum

Gegenstand der Kritik, sondern des netten Humors und bekommt lediglich den Titel eines »verspäteten Gastes« verliehen.
Ein wichtiges Element der Beziehung zwischen Gast und Gastgeber ist die »Aufforderung«. Es genügt nämlich nicht, die Tafel mit verschiedenen Gerichten zu füllen; die *Supra* mag noch so köstlich angerichtet sein, der Gast wird solange nichts angreifen, bis der Gastgeber ihn mit Worten wie »bitte«, »bedien' dich« usw. auffordert. In Westgeorgien gehört sich ein mehrmaliges »Einladen« und »Auffordern«. Beim ersten Mal wird niemand das Essen anrühren. Eine wiederholte Bitte ist nötig, der Gast erwartet sie und der Gastgeber zögert auch nicht lange. Das gehört in Westgeorgien zum traditionellen Etikett des *Stumar-masp'indsloba* und wird in manchen Provinzen maßlos übertrieben, mit einem in den Augen eines Fremden unvermeidlich komischen Effekt, doch sowohl der Gastgeber als auch der Gast verstehen den Sinn der Etikette gut: »Der ist doch einer von uns, mit *einer* Einladung wird er doch nicht zum Mittagessen bleiben ...«
In Ostgeorgien hingegen kennt man die mehrmalige »Einladung« nicht. Wenn ein Westgeorgier im Osten ist und um diese Sitte nicht kennt, riskiert er, hungrig zu bleiben – in Erwartung einer wiederholten Einladung wird er nichts anrühren, da es unter seiner Würde ist. Solch anekdotische Situationen sind unerschöpflicher Stoff für allerlei Witze.
Einen ganz besonderen Status genießt der Gast im ostgeorgischen Gebirge. Der Spruch »Der Gastgeber sei der Esel des Gastes« trifft hier voll und ganz zu. In manchen Gemeinden setzte sich der Gastgeber nicht einmal mit dem Gast an die Tafel, sondern kniete sich hin, reichte ihm die Getränke (Bier, Schnaps usw.) und diente ihm wie ein Knecht seinem Herrn. Der Wunsch des Gastes war für ihn Gesetz; doch sollte der Gast, wie gesagt, davon keinen Gebrauch machen.
Der Gastgeber war verpflichtet, den Gast zu beschützen, sogar sein Leben für ihn opfern. Es gibt eine tragische Dichtung von Wascha Pschawela zu diesem Thema mit dem Titel *»Stumar-masp'indseli«*. Der Gastgeber empfängt den Gast und erkennt nicht, dass dieser der schlimmste Feind der Gemeinde und sogar der Mörder eines seiner Familienmitglieder ist. Als es doch herauskommt, stürmt das ganze Dorf an seine Tür und fordert ihn auf, den Gast auszuliefern. Aber der Gastgeber hält fest an dem Gesetz der *Stumar-masp'indsloba* (»Heute ist er mein Gast, schulde er mir auch ein Meer von Blut«) und tötet sogar einen der Dorfbewohner, um den Gast zu schützen. Im Konflikt zweier Gesetze stellt er das Gesetz der Gastfreundschaft über das der Blutrache, widersetzt sich der eigenen Gesellschaft und geht dabei zugrunde.
Wenn ein Gast verabschiedet wird, entschuldigt man sich bei ihm, dass man ihn nicht gebührend ehren konnte. Diese Pflicht gilt besonders in Westgeorgien und wird auch dann eingehalten, wenn der Gastgeber den Gast mit allen nur erdenklichen Ehren überhäuft hat.

Nützliches & Wissenswertes

Granatapfelsaft

Das Pressen von Granatäpfeln funktioniert sehr einfach. Es gibt zwei Möglichkeiten:
1. Man drückt den Granatapfel von allen Seiten mit den Fingern so lange, bis er spürbar weich ist. Danach schneidet man ein Loch hinein und presst durch weiteres Drücken den Saft heraus. Nur anwenden, wenn es sonst keine Möglichkeit gibt.
2. Die Granatapfelkerne in eine Kartoffelpresse geben und den Saft auspressen. Diese Variante ist weitaus ergiebiger und deshalb zu bevorzugen.

Käse

Der Weichkäse, der in Georgien in vielen Speisen, wie beispielsweise zur Herstellung von Khatschap'uri, verwendet wird, heißt Suluguni. Er wird aus Kuhmilch hergestellt und als Frischkäse zu jeder Mahlzeit (Frühstück, Mittag- und Abendessen) und auch bei Tafeln serviert. Suluguni ist am ehesten mit dem zypriotischen Haloumi vergleichbar und wird auch in geräucherter Form hergestellt; in dieser Form ist er länger haltbar. Leider ist Suluguni außerhalb Georgiens nicht oder kaum erhältlich. In den jeweiligen Rezepten sind jedoch Käsesorten angegeben, die man ersatzweise verwenden kann.

Khmeli-Suneli

Gewürzmischung, die in vielen georgischen Speisen verwendet wird. Die Zutaten variieren, eine häufig verwendete Mischung besteht aus gemahlenen Korianderkörnern, dem blau blühenden Schabzigerklee (Trigonella caerulea), Majoran, Dillsamen, Knoblauch, rotem Pfeffer und Lorbeerblättern.
Anstelle der Gewürzmischung kann auch nur Schabzigerklee (auch unter dem Namen Brotklee bekannt) verwendet werden.

Kirschenpflaume (Prunus cerasifera)

Die Kirschenpflaume war ursprünglich nur im Kaukasus, in Kleinasien, auf der Krim, in Südwestsibirien, Transkaukasien, im Iran und in Zentralasien beheimatet. Heute ist sie auch in Mitteleuropa häufig anzutreffen. Die Früchte können rot oder schwarzblau gefärbt sein. Die Sorten unterscheiden sich auch im Geschmack – einige sind eher herb-säuerlich, andere dagegen süß.

Kornelkirsche (Cornus mas)

Die Kornelkirsche ist ein Hartriegelgewächs und im Mittelmeerraum beheimatet, gedeiht aber auch in Zentraleuropa und blüht schon im Februar gelb. Der Busch hat dann noch keine Blätter. Die länglichen, dunkelroten Früchte mit den großen Kernen enthalten den roten Fruchtfarbstoff der Anthocyane, die zur Vitamin P-Gruppe gehören. Dieses Vitamin P ist ein wichtiger Schutz- und Reparaturfaktor bei Entzündungen und Verletzungen der Schleimhäute und Blutgefäße. Die Früchte haben auch einen hohen Gehalt an Säure und Vitamin C. Man kann sie roh verzehren, aber auch zu Marmelade, Konfitüre oder Kompott verarbeiten. Die Kornelkirsche ist zentrale Zutat verschiedener georgischer Speisen.

Kriechenpflaume (Haferschlehe, Krieche, Spilling, Zipper; Prunus domestica ssp. insititia)

Mit der Pflaume nah verwandter Obstbaum mit schneeweißen Blüten und kugeligen schwarzvioletten aromatischen Früchten.

Safran (= Imeretischer Safran)

In allen Rezepten, bei denen Safran zur Anwendung kommt, ist der Imeretische Safran, eine Gewürzmischung, gemeint. Die bei den Rezepten verwendeten Mengen (1-2 TL) unterscheiden sich erheblich von der Anwendung von echtem Safran (Crocus sativus). Die Mischung kann aus folgenden Kräutern bestehen: Benediktenkraut (Benediktendistel, Cnicus benedictus), eine Variante der Studentenblume (Tagetes erecta) oder Färbersaflor (Carthamus tinctorius L.). In den Beschreibungen wird darauf hingewiesen, dass Saflorblüten den Flavonoidfarbstoff Carthamin enthalten, aber kein ätherisches Öl. Da all diese Blüten wenig Geschmack haben, kann man sie untereinander gleichwertig verwenden. Der Imeretische Safran gehört in manchen Regionen Georgiens auch in die Gewürzmischung Khmeli-Suneli.

Walnüsse

Früher wurden Walnüsse im Mörser zerstampft. Heute verwendet man zum Zerkleinern eher einen Fleischwolf, dabei wird das Öl der Nüsse aufgeschlossen. In Georgien wird bei der Zubereitung in einem Zwischenschritt das Nussöl händisch aus der Nussmasse herausgepresst und vor dem Servieren über die Speise gegossen – etwa bei Basche, vielen Bchali-Variationen, Saziwi etc. Beim Kauf von geschälten Walnüssen ist sehr auf Qualität zu achten, beispielsweise können dunkle Verfärbungen ein Hinweis auf bitteren Geschmack sein. Walnüsse sollten daher immer offen – nicht in verpackter Form – gekauft werden.

Utskho suneli, Schabziegerklee (Trigonella caerulea)

Utskho suneli/Schabziegerklee findet man außer in den Alpen noch in den Gebirgen Ost- und Südosteuropas sowie dem Kaukasus.
In den Alpenländern verwendet man die oberirdischen Pflanzenteile, bei der Blüte geerntet und immer getrocknet. In Georgien würzt man dagegen mit den Samen, die meist gemeinsam mit den Hülsen zu einem grünlichbraunen Pulver vermahlen werden. Samen haben einen lieblicheren Geruch.

Glossar

Blumenkohl	Karfiol
Dille	Dill
Dotter	Eigelb
Einmachgläser	Einweckgläser
Faschiertes	Hackfleisch
Fleischerei	Metzgerei
Fleischhauer	Metzger
Germ	Hefe
Grüne Bohnen	Fisolen
Heurige	Neue Kartoffeln
Johannisbeeren	Ribiseln
Karotten	Möhren
Kraut	Weißkohl, Weißkraut
Lammschlegel	Lammhaxe
Marillen	Aprikosen
Marmelade	Konfitüre
Melanzani	Auberginen
Nachspeise	Dessert
Orangen	Apfelsinen
Palatschinke	Pfannkuchen, Omelette
passieren	durch ein Sieb streichen
Pfefferoni	Pepperoni, Pfefferschote
Porree	Lauch
Ribiseln	Johannisbeeren
Rindsuppe	Fleischbrühe
Ringlotten	Reineclaude
Rote Rüben	Rote Bete
Sauerkirschen	Weichseln
Sauerrahm	Saure Sahne
Schlegel	Haxe
Schmalz	Schweinefett
Schöpfer	Schöpfkelle
Semmelbrösel	Paniermehl, Weckmehl
Speisesoda	Natron
Topfen	Quark
Weichseln	Sauerkirschen
Zwetschken	Pflaumen

Rezeptverzeichnis

Adschabsandali ... 38
Adschika, scharf ... 178
Apfelmuraba ... 189
Baisertorte mit Vanillecreme und Walnüssen ... 150
Barbe gefüllt ... 98
Basturma – Fleischspiesse auf kaukasische Art ... 114
Berberitzensauce ... 179
Blattspinat mit Ei ... 58
Blattspinat mit frischen Kräutern ... 95
Blattspinat mit Joghurt ... 59
Borani mit Blattspinat ... 116
Borani mit Melanzani ... 115
Brombeersauce ... 180
Bughlama aus Rindfleisch – georgisches »Gulasch« ... 117
Dorsch gebraten ... 99
Eingelegtes Weisskraut ... 175
Elardschi – Polenta mit Käse ... 83
Ente mit Kornelkirschensauce ... 120
Estragonsuppe ... 24
Faschiertes Lamm in Quitte und Apfel ... 129
Fastenkuchen mit Apfel und Zitrone ... 153
Feigenmuraba ... 190
Fisch in Knoblauchsauce ... 100
Fisch in Tomatensauce ... 101
Fleischpalatschinken ... 76
Forelle gebraten in Granatapfel-Nuss-Sauce ... 102
Forelle in pikanter Sauce ... 103
Forelle mit Kornelkirschensauce ... 104
Gebratene Kartoffeln mit Dille ... 89
Gefüllte Äpfel ... 151
Gefüllte Eier mit Dille ... 86
Gefüllte Eier mit Minze ... 87
Gemüsesuppe ... 25
Ghomi – Polenta ... 88
Ghweseli – Estragon in Teig ... 77
Gosinaki – Walnüsse mit Honig ... 154
Granatapfelsauce ... 182
Grüne Bohnen mit Joghurt ... 41
Grüne Bohnen mit Tomaten ... 42
Guptasuppe – Rindsuppe mit faschierten Laibchen (Frühlingsvariation) ... 26
Huhn auf Gurische Art ... 121
Huhn gefüllt mit Innereien und Kräutern ... 125
Huhn in Basche (Walnusssauce) ... 122
Huhn mit Granatapfelsauce ... 123
Huhn mit grünen Ringlotten ... 124
Hühnersalat mit Granatapfel in Walnusssauce ... 64
Hühnersuppe ... 27

Joghurtsuppe ... 31
Kalbszunge mit Kräutern ... 126
Karotten gefüllt mit Walnüssen ... 43
Karpfen in Nuss-Granatapfel-Sauce ... 105
Karpfeneintopf ... 106
Kartoffellaibchen ... 91
Kartoffeln gefüllt mit Pilzen ... 90
Khartscho mit Nüssen ... 127
Khaschi – Kuttelsuppe ... 28
Khatschap'uri – Georgischer Käsekuchen ... 78
Khatschap'uri aus Blätterteig ... 79
Khinkali – Teigtaschen mit Faschiertem ... 118
Kolio (Z'andili) mit Honig, Walnüssen und Rosinen ... 155
Kondensmilchkuchen ... 152
Kornelkirschenmuraba ... 190
Kornelkirschensauce ... 181
Krautsalat ... 65
Kutschmadschi – Hühnerinnereien mit Berberitzen ... 128
Lachs mit frischem Estragon ... 107
Lachsforelle gebraten mit Melanzani und Granatapfelsauce ... 108
Lamm mit Melanzani ... 130
Lammschlegel mit Gemüse ... 131
Leber in Grantapfelsauce ... 132
Lobiani – Germteig mit Bohnen gefüllt ... 80
Lobio aus roten Bohnen ... 44
Lulakababi – Rinds- oder Lammfaschiertes mit Berberitzen ... 133
Marillenmuraba ... 189
Mchlowani – Blätter von Roten Rüben mit Käse ... 82
Melanzani mit Frischkäse ... 47
Melanzani mit Granatäpfeln und Kräutern ... 171
Melanzani mit Granatapfelsauce ... 45
Melanzani mit Mayonnaisesauce ... 48
Melanzani mit Paprika, Tomaten, scharfem Pfefferoni und frischen Kräutern ... 172
Melanzani mit Reis ... 49
Melanzani mit scharfem Pfefferoni und Koriander ... 170
Melanzani mit Walnüssen ... 50
Melanzaniaufstrich ... 46
Melanzanisalat ... 66
Mtsch'adi – Maismehlbrötchen ... 92
Muraba aus grünen Walnüssen ... 191
Muraba aus weissen Kirschen ... 194
Muraba ... 188
Pastete aus Kalbs- oder Rindsleber ... 135
Pchali aus Blättern von Roten Rüben ... 55
Pchali aus Blattspinat ... 54
Pchali aus grünen Bohnen ... 52
Pchali aus Porree ... 53
Pelamuschi – Griessbrei mit Traubensaft ... 158
Plowi – Reis mit Sauerkirschen und Mandeln ... 159
Plowi – Reis mit Trockenfrüchten ... 160

Plowi im Kürbis ... 161
Q'alia – Eintopf mit Putenfleisch ... 134
Q'aurma aus Kartoffeln ... 93
Quittenmuraba ... 192
Reis mit Gemüse und Kümmel ... 94
Rindfleisch mit Dörrzwetschken ... 137
Rindfleisch mit Melanzani ... 138
Rindfleischauflauf ... 136
Rindsuppe mit Sauerampfer und Blattspinat ... 29
Rindsuppe mit Sauerampfer ... 30
Ringlottensauce ... 183
Rote Bohnen mit Walnüssen und Porree ... 56
Rote Paprika mit Kräutern gefüllt ... 173
Rote Rüben mit Paprika und Karotten ... 174
Rote Rüben mit Walnüssen ... 57
Roter Paprika mit Walnüssen und Karotten ... 51
Rote-Rüben-Salat mit Kartoffeln ... 68
Rote-Rüben-Salat mit Kornelkirschen ... 67
Saziwi – Pute in Walnusssauce ... 139
Scharfe Tomaten-Paprika-Sauce ... 185
Schilaplawi – Lammfleisch mit Reis ... 140
Scholle in Rotweinsauce ... 109
Schweinefleisch mit Zwiebel und Granatapfelkernen ... 141
Schweinsbraten mit Zwiebel, Zitrone und Granatapfelkernen ... 142
Sommersuppe mit Apfel und Lamm ... 32
Sommertorte mit Erdbeeren oder roten Johannisbeeren ... 156
Spargelsalat ... 69
Tkhemali – Kriechenpflaumensauce ... 184
Tolma – Krautwickel ... 143
Tomaten-Gurken-Salat ... 70
Tomaten-Paprika-Sauce ... 186
Tomatensalat mit Ei und Walnüssen ... 71
Tomatensalat mit Walnüssen ... 72
Tomatensauce aus Tomatenmark ... 185
Tomatensuppe mit Walnüssen ... 33
Topfen-Paska ... 162
Tschachochbili – Huhn in Tomatensauce ... 144
Tschachochbili – Junghuhn in Tomatensauce mit Kartoffeln ... 145
Tschakapuli – Lamm mit Estragon und Ringlotten ... 146
Tschanakhi – Lamm- oder Rindseintopf ... 147
Tschikhirtma – Hühnersuppe mit Ei und frischen Kräutern ... 34
Tschkmeruli – Huhn in Knoblauchsauce ... 119
Tschurtschkhela – Hasel- oder Walnüsse in getrocknetem Traubensaft ... 163
Wassermelonenmuraba ... 193
Weichselmuraba ... 194
Weintraubensauce ... 187
Wels in Koriander-Essig-Sauce ... 110
Zitronenroulade ... 164
Zitronentorte mit Baiser ... 165
Zucchini mit Mayonnaise ... 60

Foto-Nachweis:
Nana Ansari – Vorsatz
Alexander Saakow – Nachsatz
Zeinab Barnovi – S. 62/63
Natela Grigolaschwili – S. 22/23, 74/75, 96/97, 112/113, 148/149, 168/169
Guga Kotetischwili – S. 84/85
Juri Metschitow – S. 36/37, 176/177
Alexander Saakow – S. 196/197

ISBN 978-3-85476-587-5

5. Auflage 2018

Lektorat & Satz: Inge Fasan, Erhard Waldner
Umschlaggestaltung: Michael Baiculescu
Umschlagbild: Linda Wolfsgruber
Druck: Interpress, Budapest